「人に頼りたくない」のも
「弱みを見せたくない」のも
あなたが人を
信じていないからだ

人生を面白くする
“貸し借り”の法則

小倉　広

Well-kept secrets for living a better life

Hiroshi Ogura

青春出版社

はじめに

仕事がら、自社開催でセミナーを開くことが多くあります。セミナーの前後は、私自身でテーブルや椅子の設営・撤去を行うのです。

その日も、私はセミナー開始前に汗をかきながら一人設営をしていました。すると、開始40分前にもかかわらず、来場者の一人、石川さん（仮名）が受付にやってきました。そして、私の様子を見るやいなや、「お手伝いします」と言って、スーツのジャケットを脱ぎ捨て走ってきてくれました。

「お金を払ってきてくれているお客様に設営を手伝ってもらうわけにはいかない」

そう思った私は答えました。

「ありがとうございます。お気持ちだけいただきます。バタバタしますが、そちらの椅子に座って、もうしばらくお待ちください」

すると石川さんはこう言いました。

「どうせ待っていてもやることもないし。それに、小倉さんには日頃、お世話になっていますから、これくらい当然です」

私は一瞬、躊躇《ちゅうちょ》しました。そして一秒後にこう答えました。

「石川さん。ありがとうございます。お言葉に甘えます。手伝ってください」

かつての私ならば、間違いなく、石川さんの親切なお申し出に対し、遠慮し、固辞し続けたことでしょう。

お客様に手伝ってもらうのは申し訳ない。借りをつくるわけにはいかない、と。

誰かに借りをつくらずに、潔く一人で生きていく人生。かつての私は、それこそが唯一無二の正しい生き方だと思っていました。しかし、その生き方がさびしい生き方である、とある日、気づいたのです。そして私は変わりました。

現在の私は、人様の親切に甘えること、借りをつくることをいとわなくなってきました。いえ、いとわない、というだけでは足りません。むしろ、積極的に借りをつくろう。

そしてその借りを返そう。思いやりや善意の貸し借りを繰り返すことで、相手と深く関わっていこう。そう思うようになったのです。

かつての私は人に甘えることや借りをつくることができませんでした。そして、いつも孤独に黙々と頑張っていました。

その結果、私はそれなりに業績を残すことができ、29歳の時に管理職に昇進しました。しかし、部下を持ちチームをまとめる役割になった時、それまでのやり方がまったく通用しなくなってしまいました。人に甘えない、借りをつくらない、というやり方では、チームをまとめることができなかったのです。

人に甘える。借りをつくる。それは、ご恩返しを決意することです。

借りをつくり、それを返す。ギブ&テイクの打算的な関係ではなく、善意と思いやりを互いにやりとりする。つまりは、人と深くつながっていくことを覚悟することです。

人に借りをつくらない。頼らない。それは、人と深く関わりたくない、と決意することです。一人で孤独に頑張る人生を選ぶ、ということです。

人に借りをつくらない人生から、積極的に借りをつくり、返す人生へ。

人と深く関わらない人生から、人と深く関わり合う人生へ。


私は、生き方を変えることで、生きるのがぐっとラクになりました。

そして、毎日が幸せだなぁ、と思えるようになりました。


本書はかつての私のように、借りをつくることができない、甘えることや頼ることができない、そんな不器用な生き方をしている方々のために書きました。

本書を通じて、皆さんが少しでもラクに、幸せに生きられるようになることを祈念いたします。

そして、世の中に思いやりやご恩返しがあふれ、より良い社会になることを願います。

小倉　広

「人に頼りたくない」のも「弱みを見せたくない」のもあなたが人を信じていないからだ　目次

第2章 「借りをつくりたくない」と言う人ほど、気づいていない「借り」がたくさんある

第3章　「借りをつくる」ということは、「深く関わる」と覚悟することだ

第4章

社会に借りを返す6つの方法

カバーイラスト　伊藤彰剛
デザイン　金澤浩二
編集協力　塚田有香

第1章

人生をさびしくさせてしまう5つの習慣

人生をさびしくさせてしまう習慣 1

「借りをつくってはいけない」と思うから人間関係がうまくいかない

本音は頼りたい、のに頼れない…

あなたは今、オフィスで残業をしています。
目の前には仕事が山積みで、今日中に終わるかどうか不安になっています。すると、一人の同僚が「手伝おうか？」と声をかけてきてくれました。
さて、そんな時、いつものあなたならばどう答えるでしょうか。

かつての私もそうでしたが、恐らく多くの人は遠慮をして断るのではないでしょうか。**本音では手伝ってもらいたい……と思っているのに、「忙しい相手に迷惑をかけては申し訳ない」と断ってしまう。人に頼ってはいけない。人に甘えてはいけない。そう思い、一人で黙々と頑張る。**そんな人が多いように思います。

最近の若い人たちと話をしていても、「借りをつくるのは好きじゃない」と考えている人が少なくないと感じます。

でも本当に、借りをつくることは、自分にとってマイナスになるのでしょうか？

私がコンサルタント会社を経営していた頃、田中さん（仮名）という社員がいました。彼はとても優秀で頭がよく、責任感の強いコンサルタントでした。いつも夜遅くまで仕事をして、企画書や提案書も常に素晴らしいものを仕上げてくれました。

しかし、私には田中さんがいつもさびしそうに見えたのです。

残業をしている彼に、私は時々「大変そうだな、手伝おうか」と声をかけたものです。しかし、そのたびに返って来るのは、「いいえ、大丈夫です」という答えでした。

私が上司だから遠慮しているのかとも思いましたが、同僚から同じように声をかけられた時でも、田中さんの返事は変わりませんでした。そうやって一人で黙々と仕事をする姿が、私の目には孤独に映ったのです。

見かねた私はこう言ってみました。

「田中さん、みんなに手伝ってもらったらいいじゃないか。皆も忙しい君を助けたいと思っているんだよ」

すると彼はこう答えたのです。

「いえ、結構です。私は小さい頃から、両親に『人に借りをつくってはいけない』と言われて育ちましたので」

それを聞いた私は切ない気持ちで胸がいっぱいになりました。もしも、田中さんがご両親の言いつけを守り、この先もそういう生き方を続けるとしたら、彼の人生はつらいものになるだろうな、と思ったからです。

なぜ、それがわかるのかといえば、私自身がかつては田中さんと同じ生き方をしていたからです。人に頼らない。甘えない。そう決意し、朝早くから夜遅くまで、奥歯を食いしばりながら一人で黙々と戦っていました。その頃の私には、自分自身の人生がとてもつらいもののように見えていたのです。

以前の私は、他の人が好意から申し出てくれる助けをすべて断っていました。「お手伝いしましょうか？」「お弁当一緒に買ってこようか？」などと言っていただいても、「いえ大丈夫。ありがとうございます」と返事をしていました。

他人の負担をかけるようなことはしてはいけない。申し訳ないことだ、と強く考えていたからです。

借りをつくったら、そのぶん返せばいい

ところが私の周囲には、他人に仕事を手伝ってもらったり、気軽にお願いごとをしたりする人がたくさんいました。その人たちは、借りをつくることを何とも思っていないらしく、ニコニコしながら「わぁ、ありがとう！」と言って、他人の助けを素直に受け入れていました。

最初のうち、私はそれを不思議に思っていました。そして、少し腹を立てていました。「他人に迷惑をかけているのに、よく平気でいられるな。悪いとは思わないのか！」

しかし、正直に言うと、心のどこかで彼らをうらやましく思う気持ちがあったのも事実です。なぜならば、その人たちは周囲から嫌われるどころか、逆に可愛がられたり、応援されたりしていたからです。そして、いつもたくさんの人に囲まれ、イキイキと、何だか楽しそうに見えたのです。

そんな甘え上手でイキイキとしている仕事仲間の一人に、中村さん（仮名）がいました。

私は、なぜ中村さんが、あれほどためらいなく人に借りをつくれるのか、不思議に思って、行動をそっと観察するようになりました。すると、簡単にその謎が解けたのです。

なんと、中村さんが**「借りをつくるのが平気」なのは、彼がきちんとその「借りを返している」から**だったのです。

中村さんは、元来誰にでも親切でした。困っている人がいれば、すぐに手を差し伸べる。仕事を頼まれれば、どんな相手でも喜んで引き受ける。そして、手伝ってもらったならば、すぐに相手に手伝い返す。親切にしてもらったら、親切のお返しをする。

さらには、後輩の若い人たちに自分から声をかけて、食事やお酒をおごってあげることも多いようでした。

中村さんはそうやって、つくった借りをちゃんと返していたのです。

シーソーは力を合わせて漕ぐから楽しい

中村さんを注意深く観察した後に、改めて周囲を見渡してみると、**イキイキと仕事をしている人や、人間関係がうまくいっている人は、他人とどんどん貸し借りをしていることに気づきました。**それは、人に借りをつくることを避け続けていた私と対極的な生き方であるように感じました。

私は「このままでは、自分はさびしい人生を送ることになってしまう」そうはっきりと自覚しました。そして、「借りをつくるのはかっこ悪い」などと突っ張っていた自分を捨て、人に借りをつくることをためらわない生き方をしよう、と思うようになったのです。

いいえ、むしろ積極的に借りをつくるようになったとも言えるでしょう。

中村さんの生き方は、「10の借りをつくってマイナス10になったら、相手にプラス10

のお返しをする」というものです。それは例えるなら、自分と相手がそれぞれシーソーの両端に乗って、パタンパタンと漕ぎ合っているような関係です。

一方で「人に借りをつくらない」という、かつての私や田中さんのような生き方は、固定された動かないシーソーに乗っているようなものです。常に平衡を保って、どちらかが下になることも上になることもありません。

しかし、そんなシーソーに乗っていたとして楽しいでしょうか。

力を合わせて一台のシーソーを漕ぐからこそ、相手との間に信頼や親しみといった結びつきが生まれるのではないか。私は次第にそう考えるようになりました。

そして、**どちらの人生がより豊かになっていくかと考えた時、動かないシーソーの上にこれからも座り続けるのは、とてもさびしいだろうな、**と思ったのです。

人生をさびしくさせてしまう習慣 2

「弱みを見せたくない」と思うから余計に弱く見えてしまう

自信がないから、強がってしまう

「自分を強く見せたい」という気持ちは、誰にでもあるものです。完璧なように振る舞って、周囲から一目置かれたい。なめられたくない。そんな理由から、自分の弱みを隠そうと躍起《やっき》になる人がよくいます。何を隠そう、30代までの私が、まさにそうでした。

当時の私はコンサルタントとして、さまざまな企業の人事・組織改革のプロジェクトをお手伝いしていました。しかし、その企業の人たちから見れば、コンサルタントは所詮「いきなり自分の会社に乗り込んできた部外者」です。

こうしたプロジェクトは社長の鶴の一声で決まることが多く、社員たちは納得していないケースが大半でした。ですから、初めてのミーティングは、社員による〝プロジェクト大反対〟の合唱から始まるのが常なのです。

「そもそも、こんなプロジェクトをやる必要があるんですか？」

「外部から人を雇うなんて、私たちでは役に立たないということですか？」

「コンサルタントに金を払うくらいなら、社員の給与を上げるのが先じゃないですか」

しかし、私もコンサルタントとして仕事を引き受けた以上、負けるわけにはいきません。

このプロジェクトにどんな意義やメリットがあるのか。今やらないと、将来どんな問題が起こる可能性があるか。そうした論理を武器に、私は社員の意見にひとつひとつ反論していきました。

しかし、**論理で返せば返すほど私への反発は強まるばかり。**すると私もさらに論理で返す。まるで互いに、ケンカをしているようになってしまったものです。私は、そんな悪循環から抜け出せず、戦場で一人、孤独な闘いを続ける兵士のような気持ちでいたのです。


今思えば、私は内心怖じ気づいていたのだと思います。

多くの場合、プロジェクトメンバーに入るのは、その企業の役員や部長クラスですから、40代や50代の人たちが中心です。それに対して、私はまだ30歳そこそこでした。だから、心のどこかに自信のなさがあったのでしょう。

自分のような若造には、この仕事は無理なのかもしれない。自分には、まだまだキャリアが足りないのではないだろうか。そういう負い目や不安があるからこそ、自分が相手に子ども扱いされているように感じてしまったのです。

だから余計に強がって、相手を論破しようと必死になっていたのでした。

「わからない」と言えたらラクなのに

そんな自分のやり方が間違っていたことに気づいたのは、ある先輩コンサルタントの仕事ぶりを目の当たりにしたことがきっかけでした。

その先輩の名を、仮に山口さんとしてみましょう。山口さんが担当する大規模プロジェクトで手が足りなくなったため、私が助っ人コンサルタントとして参加することになった時の話です。

最初のミーティングに同行すると、案の定、山口さんはプロジェクトメンバーから集中砲火を浴びました。私と同様に「なぜこのプロジェクトが必要なのか」と問いつめられたのです。

さて、山口さんはどう出るのだろう、と私がドキドキしながら見守っていると、彼はひと言、こう答えました。

「いやあ、私にもよくわからないですね」

予想外の返しに、皆が唖然《あぜん》としていると、山口さんはさらに続けました。

「もちろん、やる意味はあると思うんですよ。でも、大金を使うだけの価値があるのかと言われたら、私にはわからないんですよねぇ」

すると、メンバーたちは顔を見合わせて笑い出し、「まあな、そりゃあ、わかんないよな」と口々に言い出して、その場が丸く収まってしまったのです。

その後はメンバーも協力的になり、プロジェクトを無事進行することができました。

この様子を目の当たりにした私は、ただ驚くばかりでした。

そして同時に、**「強がることが本当の強さではない」**ということを理解したのです。

むしろ、「私にもよくわからないんですよ」と弱みをさらけ出した山口さんが、私にはとても堂々としてカッコよく見えました。

正直に自分の弱みを見せられる人間こそが、本当に強いのだ。自分の弱さを見せることで、初めてしんどさから解放される。そして周囲から助けてもらえる。

そのことを私は山口さんに教えられ、「自分もあんな人になりたい」と思うようになっていきました。

裸になれる人間こそが、成熟した大人である

私が信奉しているアドラー心理学には、「不完全さを認める勇気」という言葉があります。

「人間はもともと不完全な生き物で、完全な人間などいない。なのに、多くの人が、自分が完全なふりをする。だから、そこに負い目や苦しみが生まれるのだ」

アドラー心理学の創始者、アルフレッド・アドラーの後継者であるルドルフ・ドライカースはそう前置きした上で、「自分が不完全であることを、認める勇気が必要だ」と説いています。

また、心理学者の河合隼雄先生は、**「自分をラッキョウの皮をむくみたいにむいてい**

って見えて来るもののほうが、成熟という言葉に近いんじゃないかと思う」とおっしゃっています。

皮をむくように、どんどん裸になって、素の自分で勝負できるようになった人こそ、本当に成熟した人間なのだ。河合先生はそう言っているわけです。

30代の頃の私は裸になるのが怖くて、一生懸命きれいな洋服で着飾っていました。論理や知識で武装して、自分を何とか強く見せようと吠えれば吠えるほど、他人からは弱く見えてしまっていたように思います。仲のいい同期にこう忠告されたこともあります。「小倉。おまえいつも賢そうだからしんどいだろう。もっとアホなふりをするとラクに生きられるぞ。何か失敗をしても、またやっとるわい、とみんなは笑ってくれるしな」と。

強がる人間は、弱い。弱みを見せる人間は、強い。

それを悟らない限り、私たちがさびしく孤独な闘いから解放されることはないのだと私は思っています。

人生をさびしくさせてしまう習慣 3

「それは非合理です」と言うから、いざという時に孤立する

出前の食器を洗う・洗わない問題

タクシーから降りる時、あなたは運転手さんに「ありがとう」と言いますか？

そんな質問をすると、「こちらがお金を払っているのに、なぜお礼を言う必要があるんですか」と聞かれることがあります。

理屈で言えば、確かにそうでしょう。でも、そんなふうに考える人を見ると、私はとてもさびしい生き方だなと感じてしまいます。


長野県にフジゲンというギター会社があります。

この会社を創業し、たった一代でエレキギターの生産で世界一のトップメーカーに育て上げたのが横内祐一郎会長です。かつて私は自分のメールマガジンで、横内会長のこんなエピソードを紹介したことがありました。

横内会長が近所で行きつけの食堂に行くと、店主から突然「今日は、金は要らない。おごりだ」と言われたそうです。

理由を聞くと、店主はこんな話をしてくれました。

「あんたの会社に出前を下げに行くと、いつもピカピカに洗われて米粒ひとつ残っていない丼が棚の上に並んでいる。しかも、真っ白でぱりっとした清潔な布がかけてある。俺はいつも出前の片付けで汚い丼を見るたびに、自分はなんて情けない仕事をしているのかと悲しくなる。けれど、あんたの会社に行くと、俺はいつも背筋が伸びてすがすがしい気分になるんだ。だから今日はお礼の気持ちとして、昼飯をおごらせてほしい」と。

フジゲンの社員がこれほど素晴らしい行動ができるようになったのは、会社がまだ小さな工場だった頃から、横内会長が**「世界一の会社ならばどうするか。それをいつも考えて行動してください」**と社員に伝え続けてきたからでした。

それが「真っ白な布をかけられた丼」という形となって現れたわけです。

自分はどんな人間になりたいのか

この回のメルマガはとても好評で、横内会長を尊敬している私も嬉しく思ったのですが、ある読者からこんなメールがきたのです。

「確かにいい話ですが、出前でとった丼をわざわざ洗う必要があるのでしょうか？　それでは、出前のお金を払った意味がないのではありませんか」

理屈で言えば、その方の言う通りでしょう。出前の料金には、丼を洗うお店の人の人件費も含まれているはずですから、お金を払ったお客が丼を洗う必要はどこにもないわけです。この方が「丼を洗うのは合理的ではない」と考えたのも、もっともなのかもしれません。

それを理解した上でなお、私は出前の丼をきれいに洗って返したいと思うのです。**その行動が合理的かどうかは私には関係ありません。**

丼を洗うことが正しく、洗わないのが間違っている、と言っているわけでもありません。「どういう人間になりたいか」「どんな人生を歩みたいか」という価値観は人それぞれで、正しいも間違いもないからです。

あなたは合理的な判断を優先して、丼を洗わずに返し、その分仕事を一生懸命したいのであれば、そうすればいいでしょう。そのことを責めるつもりはまったくありません。

しかし、**合理性だけで行動する人生は、とてもさびしく思える**のです。フジゲンの社員さんたちの行動は、食堂の店主を感動させました。丼を洗ったことが一人の人間の仕事観を変え、彼は誇りを持って働けるようになったのです。

私はこのエピソードを横内会長からお聞きした時に、思わず涙があふれてきて、会長がおっしゃる「世界一を目指す人間」でありたい、と思いました。人に感動を与え、時には人の人生観まで変えてしまうような人間に、私もなりたいと思ったのです。

このような素晴らしい体験は、合理性だけで物事を判断していては決して得られないものではないでしょうか。

“正しさ”を主張するほどに失うもの

横内会長のように、強い思いや高い志を持って行動していると、それに感銘を受けた人たちが周囲に集まり、深い結びつきを持った人間関係が生まれます。

もし仮に横内会長が困っていらっしゃったとしたら、何をおいても飛んでいきたいと思っているのは、私だけではないでしょう。

一方、常に合理的に行動している人は、人とのつながりが希薄になります。

そういう人は、**自分の周囲に困っている人がいたとしても「わざわざ助けるまでの理由がない」と合理的に判断し、人と関わることを避ける**でしょう。その代わり、**いざ自分自身が窮地に立たされた時、周囲の人たちも「あなたを助ける理由はない」と考える**でしょう。

人間関係においては、自分がしたことがすべて返ってきます。すべてを合理的に判断していたのでは、気づいた時に、自分が一人ぽつんと孤立しているかもしれないのです。人間も社会も、合理性だけで動くのではありません。むしろ多くは非合理なもので成り立っています。だからこそ「ありがとう」と思う感謝の気持ちや、助け合い、思いやりがたくさん生まれるのです。合理性だけで判断していては「ありがとう」の数が減ってしまうのではないでしょうか。

人生をさびしくさせてしまう習慣 4

「人様に迷惑をかけてはいけない」と思う人は裸の王様

「自分は大丈夫」と思っている人ほど危ない

「人様に迷惑をかけてはいけないよ」

親にこう言われて育った人は多いと思います。私もその一人でした。だから、できるだけ人に迷惑をかけないよう心がけてきたつもりです。

しかし、最近になって、これはむしろ傲慢《ごうまん》な考え方ではないかと感じるようになりました。なぜならば、**「自分は誰にも迷惑をかけていない」と思っている人ほど、実はたくさんの人に迷惑をかけていると気づいた**からです。

物事には必ず表と裏があります。ある人にとっては嬉しいことでも、他の誰かにとってはつらく悲しいことになる。それがこの世の現実です。

私はコンサルタントとして、企業の人事制度改革をいくつも手がけてきましたが、そのことをたびたび実感してきました。

例えば、能力成果主義の人事制度をつくったとします。

会社に利益をもたらしてくれた人には高い給与を払い、そうでない人の給与は下がる。非常に合理的な仕組みなので、コストをできるだけ押さえたい経営者からは喜ばれます。

その反面、収入が減ってしまう社員も必ず出てくるわけです。その社員は、これまでいただいていた給与がこれからも継続すると思い、住宅ローンを組んで月々の支払いをしていたかもしれません。その計画が突如として狂ってしまうわけです。

能力成果主義の人事制度は、給与の仕組みとしては合理的かもしれませんが、過去の経緯を信じて安心していた社員を不安にさせてしまうのも事実です。それはある意味、会社と社員の間にあったいちばん大切な信頼関係を壊してしまうことになるのかもしれないのです。

では、それとは逆な年功序列の人事制度にすればよいのでしょうか。いえ、そんなに簡単なことではありません。もしも年功序列の人事制度にしてしまえば、収入が安定すると喜ぶ人がいる一方で、能力の高い人は「実力が正当に評価されていない」と不満を抱き、別な会社へと移っていくことでしょう。

笑う人がいる一方で、泣く人がいる。自分がどんなに良いことをしたつもりでも、その陰では必ず誰かがつらい目にあう。全員がハッピーになるような制度はないのです。

そもそも人間は生きているだけで、すでに誰かに迷惑をかけています。

例えば、私たちが現代社会を生きていく上で、もはや電気は不可欠です。しかし、電気を供給するには、発電所が必要です。

それが原子力発電所であれば、建設地周辺の住民にリスクを背負ってもらうことになります。実際、東日本大震災による福島第一原発事故で、地元の人たちの多くが故郷を離れ、職を失いました。

つまり、東京を始め、福島の原発から電力の供給を受けていた地域の住民たちは、電気を使うだけで福島の人たちに迷惑をかけていたことになります。

水だって同じです。水源となるダムをつくるために、故郷を追われた人たちが過去にどれだけいたことでしょうか。

ごく普通に電気や水を使うだけで、すでに私たちは誰かに迷惑をかけているのです。

私はなにも、「電気や水を使うな」などと言いたいわけではありません。

ただ、こうした事実に目を向けずに「自分は誰にも迷惑などかけていない」と思っている人は、たんなる裸の王様ではないかと思うのです。

「自分なんて助けてもらえない」と思うから、本当に助けてもらえない

あなたを待っている人は必ずどこかにいる

これは私が新入社員だったころのエピソードです。

新卒でリクルートに入社した私は、企業の人事部から求人広告の出稿を集めてくる営業職に配属されました。

新人たちの仕事は、飛び込み営業から始まります。しかも一日のノルマが最低100件という厳しい目標が設定されていました。たくさんの新人たちが一斉に飛び込み営業をすれば、訪問先がバッティングすることも多くなります。

「おたくの会社は、一日に何人来れば気が済むんだ？」

「いい加減にしてくれよ！　仕事にならないよ」

思い切って飛び込んだ先で、そう怒鳴られたことも一度や二度ではありません。

そんな経験を何度もするうちに、私は「リクルートという会社は社会から嫌われているのだ。そして、そこに入った自分も、社会に必要とされていない存在なのだ」と考えるようになりました。

そして**行く先々で追い返されるたびに、この世でたった一人になったような、さびしい思いを味わっていた**のです。

ところが、二年目以上の先輩たちは、たくさんの顧客を抱えていました。新規受注だけでなく、数多くの既存取引先から受注をいただき、大きな売上を達成していたのです。

そんな先輩たちは、とてもイキイキとして見えました。

同じ会社の営業職なのに、自分と先輩たちでは、なぜこうも違うのか。

ついに私は、ある先輩社員に「僕たちの存在を必要とする人なんて、この世にいないんじゃないですか」と正直に相談してみました。

すると先輩は、笑ってこう言ったのです。

「もし小倉の言う通りなら、この会社はとっくに潰れているぞ。お前がまだ出会っていないだけで、うちの会社の営業を待っていてくれる人は必ずどこかにいる。現にオレのお客様は、いつもオレを喜んで迎えてくれるよ」

それでも、まだ半信半疑だった私は、他の先輩たちにも話を聞いてみました。

すると、どの先輩も「お客様に『君の会社としか付き合いたくない』と言ってもらった」「『あなたの会社の求人広告のおかげで、優秀な人材を採用できた』と感謝された」といった体験をしていることがわかりました。


半信半疑の私に向かって、ある先輩がこう言いました。

「そんなに疑うのなら、オレの営業について来いよ。一緒に来て、お客様の反応を自分の目で見てみればいい」

先輩の言葉の通りでした。そこにはお客様から感謝され、堂々とお客様にアドバイスをしている先輩の姿がありました。飛び込み営業先でお客様から迷惑がられる私とは大違いだったのです。


私は少しだけ自信を持てるようになりました。そして、もう一度、積極的に飛び込み営業をするようになりました。そんな気持ちの変化が、私の態度に現れたのでしょうか。

少しずつですが、飛び込んだ先で「求人広告を出したいと思っていたところなんですよ」と私を受け入れてくれるお客様が出てきました。そして、ある中小企業の社長さんの言葉が、私の気持ちを大きく後押ししてくれたのです。

「今まで他の会社で求人を出しても、人が採用できずに困っていたんだ。小倉さんのおかげで本当にいい人が採用できた。ありがとう」

その瞬間、私は初めて「自分は社会のお役に立てる存在なのだ」と思えたのです。**自分は価値のない人間なんかじゃない。そう思えるようになった途端、私の営業成績はぐんぐん伸び始めました。**そして次の四半期には、全国トップの成績を達成してしまったのです。

自分ひとりで進む道のりは、暗く険しい

私が営業職として高い業績を残すことができた。これもすべて、お客様が私を助けてくださったからです。裏を返せば、私自身が**「自分はお客様に助けてもらう価値がある」と思えるようになった**からこその結果だと言えるでしょう。

「自分が他人に助けてもらえるはずがない」

一度そう思い始めると、誰に対しても、「どうせこの人も、自分に関わりたくないん

だろうな」と決めつけるようになります。しかし、そんな猜疑心《さいぎしん》の強い目で見られたら、相手だってこちらに良い印象を持たないのは当然のことです。

その結果、予測通り、相手から助けてもらうことはありません。そして、本人は「やっぱり嫌われた」と思い、ますます他人を恨むようになる。悪い思考のループから抜け出せなくなってしまうのです。

でも、それでは誰ともつながることはできません。あなたが本当に困った時に、手を差し伸べようとする人もいなくなってしまいます。

あなたは長い人生を、本当に誰からの助けも借りず乗り切っていくつもりでしょうか。先の見えない道のりを、ただひたすら一人で歩んでいくのは、あまりにもさびしくはないでしょうか？

君は知っていただろうか。
人生は「貸し借り」でできている

「貸し借り」と「損得勘定」は似て非なるもの

飛び込み営業を始めたばかりの頃の私は、社会は合理性で動いていると思っていました。お客様が自社商品を買ってくれるのは、自社商品が良い商品だからだ。悪い商品なら買わないだろう。そう思っていました。

つまりそこに「貸し借り」はない。対等な関係だと思っていたのです。

しかし、私が営業マンとしてお客様に受け容れられ、商品を買っていただくことが増えてくるにつれて、私は少しずつ気がついていきました。

「自社の商品やサービスをお客様に買ってもらうことも、実はお客様に助けてもらっている。借りをつくっているのだ」と。

20代、まだ仕事を覚え始めた頃の私は、かっこいいビジネスマンに憧れていました。お客様をうならせるようなかっこいいプレゼンをして、納得してもらって自社を選んでもらう。決して古いスタイルの、人間関係でものを売るような浪花節的営業はやらないぞ。そう思っていたのです。

しかし、いくら私が一人で張り切ってかっこいい営業を続けても、お客様はそんな私を温かく見守ってくれました。

「頑張ってうちによく来てくれるから、小倉さんのところから買うことに決めたよ。いい広告作ってね」

私の嫌いだった、浪花節的な人間関係で決めてくれるお客様が意外なことに多かったのです。


さらに意外なことがありました。あれだけ、古くさい営業は嫌いだ、合理的に対等に営業をしたい、そう思っていた私自身に変化が現れたのです。

お客様から「頑張ってうちによく来てくれるから、小倉さんから買うよ」と言って買っていただくことに、感謝の気持ちが芽生えてきたのです。

「ありがとうございます。そうおっしゃっていただいて嬉しいです。ご期待に応えられるよう全力で頑張ります」

知らず知らずのうちにそんな言葉が口をついて出て、あれだけかっこ悪いからやりたくない、と思っていたお辞儀を深く、深くしている自分に気がついたのです。

この時、私は思いました。あぁ、自分はお客様に助けられている。自社商品を買ってもらうだけで、借りをつくっている。成果を出して借りを返さなくては。ご恩返しをしなくては。そう思い始めている自分に気がついたのです。


自社商品を買ってくれるお客様の意思決定は、確かに合理的なものであるはずです。悪い商品だったら買わない。良いから買ってくれている。それは事実です。

しかし、それだけではない、ということに私は気づき始めていました。自社商品と他社商品との間に大きな差はなく、どちらの商品にしようか迷っている。そんな風に感じているお客様がほとんどでした。

そして、合理的な判断では決められない、その時に、**多くのお客様は、合理性以外の人間関係や熱意をもとに判断をされました。**「小倉さん、頑張っているから」。そう言って、私や私の商品を選んでくださったのです。

このように、私たちが気づいていなくても、実は周囲の人に借りをつくっていることはたくさんあるはずです。

そして、その借りを返すことで、人とのつながりが深まっていく。

世の中はこうして「貸し借り」を繰り返しながら回っているのです。

しかも、その貸し借りは「私がこれだけやってあげたのだから、あなたもこれだけ返してよ」といった、合理的な損得勘定やギブ&テイクによるものではありません。

ただ純粋に「私はこの人を応援したい」「僕はこの人を助けてあげたい」と思う心が、人に貸しをつくらせるのです。だからこそ、助けを借りたほうもその恩を忘れないし、必ず借りを返したいと思う。

本当の意味の「貸し借り」とは、損得抜きの「善意」での結びつきなのです。

私も若い頃は、「貸し借り」が損得勘定で成り立つものだと勘違いしていました。

これは20代後半の頃、リクルートで営業職をサポートするスーパーバイザーの仕事をしていた時の話です。

ある駆け出しの新人営業マンから一緒に営業に同行してほしい、と頼まれました。

「既存のお取引があるお客様から知人の社長を紹介してもらいました。大きな商談になりそうなので、ぜひ同行してほしい」と言われたのです。

私たちはその企業を訪問し、私がおもに話を進めました。すると、ご紹介をいただいただけあって、社長さんは最初から非常に熱心に聞いてくれました。

その様子を見て、「これはいける」と思った私は、当初の予定よりも高額な求人広告をすすめることにしました。

「この広告枠は4ページで、通常のモノクロ1ページより価格は何倍もしますが、きっと良い人材が採れますよ」

勢い込んで説明すると、社長さんは無言でうなずいています。

私は「こちらのほうが訴求効果は絶対に高いです」と畳み掛けるようにアピールをしました。すると、社長は非常にあっけなく「我が社には4ページのほうがいいんですね。わかりました」と言って、契約書にすぐにハンコを押してくれたのです。

「紹介で新規の客を獲得できただけでもおいしいのに、4ページも買ってもらえるなんて。自分の営業トークがよっぽど説得力があったのだな」

私はそう思い、担当の営業と二人で大喜びしました。

私が出入り禁止を言い渡された理由

しかし、求人広告を出した後、アフターフォローに伺おうと社長さんに電話をすると、予想外の答えが返ってきたのです。

「あなたたちの顔は見たくない。うちには二度と来ないでくれ」

そんな取りつく島もない言葉が聞こえて、電話は切られてしまいました。私も営業担当者もわけがわからず、ぽかんとするばかりでした。

相手だって、最後は納得してハンコを押したはずです。しかも広告への反応は良く、多くの求職者からの応募がありました。いくら金額が高いとはいえ、それに見合う効果はちゃんと得られたのです。

いったい、自分たちの何がいけなかったのか。

当時の私には、いくら考えてもお客様を怒らせた理由がわかりませんでした。

しかし、今ならば、すぐに想像がつきます。

おそらく、あの社長さんは、私たちを紹介してくれた方にご恩があったのでしょう。何か困ったことがあった時に、紹介者の方がその社長さんを応援したいという純粋な気持ちから、救いの手を差し伸べた。助けを借りた社長さんは、その恩をいつか返したいと思っていた。

だから、その方が私たちを紹介した時、「この会社から商品を買えば、その方へのご恩返しになる」と考えたのだと思います。

つまり相手は、**私の提案やすすめた商品が良かったから買ってくれたわけではなく、「ご恩にはご恩で報いたい」という思いで行動しただけだったのではないか**。私はそう推測します。もちろん、それが100％当たっているというつもりはありません。しかし、そうでなくては、初対面で、私たちの提案通りにすぐにハンコをついてくれた説明がつかないのです。

なのに私は、営業としての合理的判断から「数字を上げるチャンス」とばかりに高額の商品を売り込み、契約が成立して喜んでいた。こちらは営業なのだから、高い商品をすすめるのは当たり前のことだ。それを買うか買わないかは、お客様の自己責任だ。わざわざ安い商品をすすめる営業マンなんているわけがない。自分は合理的に正しいことをしたんだ。そう思っていたのです。

相手に出入り禁止を言い渡された後も、「支払った金額に見合う効果があったのだから、プラマイゼロじゃないか」と、損得勘定でしか物事を考えることができなかったのです。

損得で動く人間は、「貸し借り」の輪に入れない

あれから20年近く経った今、自分の行動を振り返ると、恥ずかしくて顔から火が出る思いがします。

その社長さんと紹介者の方の善意の「貸し借り」でつながった深い関係に、私は合理性の名のもとに、土足でずかずかと入り込んでしまったのです。

この世の中は、損得勘定や合理性だけでは踏み込めないつながりで成り立っています。

損得勘定や合理性だけで動く人間は、本当の意味での「貸し借り」でつながった人の輪に入ることができないのです。

ここでいう「貸し借り」とは、一般的にいうギブ&テイクとは違います。どちらかと

いうと「恩とご恩返し」と言った方がいいかもしれない。一方からの善意に対して、善意で返していく。それでつながった深い世界です。

人生がうまくいっている人は、例外なくこの輪に入っています。

他人から応援されている人は、他人を応援している。他人から助けてもらえる人は、他人を助けている。そうやって人間関係はつながっていくものなのです。

そう考えると、人生は「貸し借り」でできている、と言ってもいいでしょう。

「かけた情けは水に流し、受けた恩は石に刻め」という言葉があります。

しかし私を含め多くの人は、この言葉とは逆のことをしているのではないでしょうか。

他人にしてもらったことはすぐに忘れ、他人にしてあげたことばかりよく覚えている。

そして、「自分はあんなによくしてあげたのに、相手は自分のために何もしてくれない」と相手に不満を抱く。あなたもそうではありませんか？

しかし、自分が相手にしたことと、相手が自分にしてくれたことを天秤にかけて、どっちが損か得かを考えているうちは、いつまで経ってもあなたの心は満たされません。

第2章

「借りをつくりたくない」と言う人ほど、気づいていない「借り」がたくさんある

借りに気づく *1*

すでに「借り」がある。すでに「迷惑」をかけている

人は「やってもらったこと」を忘れている

「他人に借りをつくりたくない」

そう考える人は、おそらく「今の自分は誰にも借りをつくっていない」と信じているのでしょう。自分は今まで誰にも借りをつくっていないし、迷惑もかけていない。だからこれからも同じように生きていきたいのだ、と。

でも、本当にそうでしょうか。あなたはただ、自分が借りをつくっていることに、気づいていないだけなのではありませんか？

私も若い頃は、自分が誰かに借りをつくっているなどと思いもしませんでした。

それどころか、50歳を目前にした今になっても、自分が以前つくった借りをすっかり忘れていたことに気づいて、恥ずかしく思うことがよくあります。

最近も、まさにそのことを実感する出来事がありました。

私には、「育ての親」とでもいうべき人がいます。

幼かった頃、母が働きに出ている間、私は母の姉である伯母に預けられていました。私は彼女を「おばちゃん、おばちゃん」と呼んで慕《した》っていました。伯母は駄菓子屋を営んでいて、私に店のお菓子をくれたり、ガチャガチャで遊ばせてくれたりしたことを、おぼろげながら覚えています。

しかし、私が大人になると、伯母と会う機会もめっきり少なくなりました。たまに実家のある新潟市に帰った時に、伯母の家へ遊びに行ったりもしましたが「お前が小さい時は、よくおしめを替えてあげたんだよ」などと言われると、「そんな小さい頃のことなんて覚えてないよ」と正直うっとうしく思っていたのです。

その伯母が、先日亡くなりました。

病を患っていたことは知っていましたが、あまりに突然のことでした。亡くなる前、私が伯母を見舞ったのは、たった2回でした。仕事が忙しいことを理由に、ろくに顔も出さなかったのです。

私が伯母につくった大きな「借り」

伯母の訃報を聞いた時、私の脳裏にある記憶が蘇りました。私が5歳くらいの頃、入院したことを思い出したのです。

伯母は毎日のようにお見舞いに来てくれました。時には、一日に何度も顔を出して、差し入れをくれたり、話し相手になったりしてくれました。忙しい両親より、病院に来る回数は多かったほどです。

しかし、私は「自分は子どもなんだから、大人が面倒をみてくれるのは当たり前だ」としか思っていませんでした。しかも子どもの頃だけではなく、今この瞬間まで、伯母がしてくれたことに対して、なんの感謝もしてこなかったのです。

しかし、毎日のお見舞いがあたりまえ、であるはずがありません。

私は間違いなく、伯母に育ててもらった、そして大切にしてもらった、という借りがあるのです。

そのことに気づいた時、すでに伯母はこの世にはいませんでした。**相手に借りを返し**

たくても、その機会はもう一生やって来ないのです。私は伯母を亡くして初めて自分の愚かさに気づいたのです。

私と同じように、すでに借りをつくっていたり、迷惑をかけているのに、それに気づいていない人はたくさんいるのではないでしょうか。

子ども時代に受けた恩を忘れている、というのは、その最たるものでしょう。子どもは一人で生きて行くことはできません。誰もが必ず大人の助けを借りて、大きくなっていくのです。

新入社員の頃もそうです。新人がたった一人で仕事を進めることなどできません。誰もが最初は、上司や先輩の助けを借りて仕事を覚えていったはずです。

それを「強者が弱者を助けるのは当然だ」と考える人もいるかもしれません。

しかし、私は、たとえ**親子や上司・部下の間であっても、相手に助けてもらったとしたら、それはやはり「借り」なのだ**と思っています。

それに気づかないままだと、いつかきっと後悔する瞬間がやってきます。伯母が亡くなるまで、借りをつくっていたことに気づかなかった私のように。

借りに気づく *2*

見えていない、
気づいていない。
鈍感なのは
「心のアンテナ」が低いから

品物を贈る側の気持ちを初めて知った

お恥ずかしい話ですが、私は40歳を過ぎるまで、お世話になった方にお礼の手紙や品物を贈ることがほとんどありませんでした。

以前の私は、「自分は誰にも借りをつくっていないし、助けてもらってもいない」と信じていたので、お礼をするという発想自体がなかったのです。

しかし、人生が貸し借りでできていることに気づいてからは、遅ればせながら、周囲の人たちにお礼の気持ちを言葉や品物で伝えるようになりました。

そして初めてわかったのです。**本当ならお礼を言うべきだった人たちに、自分がどれだけ失礼なことをしていたのか。**

そして過去の自分が、いかに鈍感だったのかということを。

私には新潟に住む姉がいます。

姉は毎月、東京に住む私に、地元の特産品を宅配便で送ってくれます。野菜の味噌漬けだったり、笹団子だったり、梨だったりと、その中身は毎回違っています。

最初のうちは私もありがたいと思っていたのですが、毎月のことですから、段々と慣れてきてしまいます。そして「今月の味噌漬けは、あんまり好みじゃないな」などと勝手なことを考えるようになりました。しかも私は、お礼の連絡を入れることもほとんどありませんでした。


しかし、自分がいろんな人たちにお礼の品を贈るようになって、ようやく私は姉の気持ちに思いが至るようになりました。お礼の品を用意するのは、手間のかかる作業です。相手の好みは何だろうかと頭を悩ませ、ひとつの品物を選ぶのは、思った以上に気を使います。

手書きのメッセージをつけて、宅配業者を呼び、荷物を発送するとなると、さらに労力がかかります。仕事が忙しい時に、まめにお礼をしようとすれば、結構な負担になるものです。それでもお礼の品を贈るのは、相手に喜んでもらいたいからです。「受け取った相手はどんな顔をするかな？」と想像するのは、贈る側の楽しみでもあります。

きっと姉も、毎月手間と労力をかけて、品物を用意してくれているはずです。そして、

「ヒロシは喜んでくれているだろうか」とあれこれ思いを巡らせていたのだろうと思います。

贈り物という「形」を通じて、そのためのたくさんの作業という「労力」「苦労」を通じて、姉が「思い」を届けてくれたのです。

しかし私は、自分が同じ立場になるまで、姉がどんな思いで私に宅配便を送ってくるのか、考えたこともありませんでした。

姉が送ってくれた味噌漬けは、私にとって単なる味噌漬けという物質でしかなく、その後ろにある姉の「気持ち」などは、私の目にまったく入ってこなかったのです。

それは私の「心のアンテナ」が低かったからだと思います。

姉はずっと私に心を送ってくれていた。なのに、私のアンテナは、それをキャッチすることができなかったのです。

公園を清掃してくれる人のありがたさ

心のアンテナが高いか、低いかによって、人は同じものを見ても受け止め方が違ってきます。

私は毎朝ランニングをするのが日課です。走り終えて家に帰る途中で、いつも公園を掃除しているおじさんとおばさんを見かけます。

その二人が掃除した場所は、ゴミひとつ落ちていないほどに掃き清められ、白い砂がまかれた地面には、ほうきの目がきれいにつけられています。

誠心誠意をこめて掃除をする二人の姿を見るたびに、私はとてもありがたく思い、彼らに向かって深々と頭を下げます。なぜならば、このように美しく公園を清掃していただけることは奇跡に近いことだと思うからです。ありがたい。私は二人に借りがあるのです。

しかし、以前の私なら違う感想を持ったでしょう。

「彼らは雇われて清掃をしているのだから、給料分の仕事をするのは当たり前じゃないか」

そう考えただろうと思います。

この考え方は間違っている、と今の私は思います。決して彼らがしてくれている清掃は当たり前ではない。

なぜならば、いくら給料をもらっていたとしても、いくらマニュアルで清掃の仕方が決まっていたとしても、私たちはいくらでも手を抜き、さぼり、ごまかすことができるからです。そして、多くの清掃アルバイトの人は手を抜いています。

しかし、この二人は一切手抜きがない。公園を使う私たちのために誠心誠意、ピカピカになるまで。地面にほうきの目がつくまで、徹底して清掃をしてくれたのです。

何も見えていないし、気づかない。それが、心のアンテナが低いということなのです。

掃除をする二人の献身的な姿を見て、ありがたいと思うのか、当たり前だと思うのか。

これこそがまさに「心のアンテナ」の差です。

借りに気づく 3

「自己正当化」という防衛本能が眼鏡を曇らせる

殺人者でさえ、「自分は悪くない」と考える

かの有名なデール・カーネギーの名著『人を動かす』の冒頭で、こんなエピソードが紹介されています。

禁酒法時代に何人もの人を殺した〝二丁ピストルのクローレー〟と呼ばれるギャングがいました。最後は警察に捕まり、処刑されたのですが、彼はこう言い残したそうです。

「俺は自分の身を守っただけなのに、なぜこんな目に遭わされるんだ」

人間とは「自己正当化」をする生き物です。大量殺人という悪行を犯したギャングでさえ、自分は何も悪いことなどしていないと信じているのです。

他人から見れば明らかに悪いことをしている人でも、「自分は良いことをしているのだ」と考える。それはもはや、人間の習性といっていいのかもしれません。

そしてこの**「自己正当化」が心のアンテナを曇らせます。**私たちが感謝すべきこと、謝るべきことを「正当化」することで、私たちは「借りをつくっている」ことに気がつきにくくなってしまうのです。

私はコンサルタントとして、色々な企業の会議に参加します。すると、どんな会社にも、必ず一人はネガティブな意見しか言わない人がいます。

まだ、私が駆けだしの若手コンサルタントだった時のことです。その日の会議にも、やはりそんな人がいました。

彼はその会社の総務部長。誰かが意見を出しても、「それにはリスクがあるだろう」「同じようなことを過去にやったけれど、ダメだったじゃないか」などと否定的な発言に終始します。彼が強い口調で何か言うたびに、そこで議論が止まってしまうのです。その日も結局、何も結論が出ずに終わってしまいました。

すでに何度か同じような光景を目にしてきた私は、会議が終わると、総務部長を呼び止めてこう言ってみました。

「ネガティブな発言ばかりしていると、他の人たちが意見を言いにくくなりますよ。会議の雰囲気も悪くなりますし、もう少し前向きな言い方はできないでしょうか」

するとと彼は、憮然とした表情でこう答えました。

「何を言っているんですか。私がいなければ、この会議は滅茶苦茶になりますよ。他の人たちが乱暴なスピード運転をしているから、私がブレーキをかけているんです。私まで皆と一緒になってポジティブな発言をしていたら、この会社は大事故を起こしてしまいます」

そう言って、彼はさっさと立ち去ってしまいました。

彼の後ろ姿を見送りながら、私は自分が根本的な思い違いをしていたことに気づきました。私は彼が間違ったことをしていると思ったし、彼自身はそれを自覚していないのだと考えていました。だから、それを指摘してあげれば、「なるほど、それは気づきませんでした。今度から注意します」と言ってくれると思ったのです。

ところが彼は、「自分は何も悪いことはしていない。自分は正しいことをしているのだ」と信じていたのです。本人はあくまでよかれと思ってやっているので、たとえ周囲の人たちに迷惑をかけていても、それにまったく気がつきません。

これこそが、まさに「自己正当化」です。そして「自己正当化」が働くことで、私たちが「借りをつくっている」という事実すら見えなくなってしまうのです。

言い訳だと分かっているのに、なぜしてしまうのか

かくいう私も、よく「自己正当化」をしてしまいます。

コンサルティング契約をしているクライアントに提出する資料を期日に間に合わず遅れて提出してしまう時に、こんな言い訳を自分にしてしまうのです。

「昨日は予定外のトラブルが起きてしまった。だから、資料作成が遅れたのは仕方がない。自分が悪いのではない。トラブルの元となった部下のAさんが悪いのだ」


しかし、これが**言い訳であることは自分がいちばんよくわかっています。**もちろん、クライアントからしてみれば「そんなことは我が社には一切関係ない。言い訳するな」と思うでしょう。

それでも言い訳をしてしまう。やってはいけないことをしている状態が何とも気持ちが悪いからです。嫌な気持ちを解消するために言い訳という自己正当化をしてしまうのです。

自己正当化してしまう自分を許すことも必要

「人間は自己正当化をしがちだから、気をつけましょう」

私が言いたいのは、そういうことです。しかし、一方で、こうも伝えたいのです。

「自己正当化してしまう自分を許してあげましょう」

この2つは完全に矛盾しています。しかし、私は、その両方を心がけていかなくてはいけないと思うのです。

クライアントと約束した資料の提出日を延ばして相手に迷惑をかけてしまった。そのことに対して、「自分が悪かったのだ」と素直に反省する気持ちはもちろん必要です。

しかし、たとえ遅れてしまったとはいえ「小倉さん資料のおかげでとても良い議論ができました」と言っていただくと、「遅れてしまったのは申し訳なかったけれど、資料の内容の良さで、少しは借りを返すことができたかも」と思うことができます。

もしも、つくってしまった「借り」に対して、いつも以上の努力でリカバリーというお返しができたなら、自分を許してあげてほしいのです。私はそうやって自分のバランスを保ち、エネルギーを高めるように努力をしています。そうしないと、自分を責め続けることになってしまう。

借りをつくってはいけない。そう思うようになり、シーソーを漕ぐことができなくなってしまうからです。

「締め切りを破ってしまった」という「借り」を返すために一所懸命、良い資料をつくる。いつも以上に、他社以上に良い資料をつくることで「借り」を返す。

「貸し借り」のある人生とは、誰かに迷惑をかけ、その分、お詫びとお返しを返す人生でもあります。そして今度は、迷惑をかけてしまった相手に「貸し」をつくれるよう努力する。

そんな行ったり来たり、「貸したり」「借りたり」と互いに相手のお役に立つことを一所懸命に探し合う。

でも、だからこそ人との関係が深く、濃いものになるのです。

借りに気づく *4*

「ご恩返しと罪滅ぼし」という言葉を1年間壁に貼って暮らした

1週間、自分との対話を続けた

「これでよし、と」

そう言って私は、部屋の壁に貼った紙を眺めました。

そこには大きく、こう書かれています。

「ご恩返しと罪滅ぼし」

過去に自分がつくった借りを返すことが「ご恩返し」になり、誰かにかけてしまった迷惑を償うことが「罪滅ぼし」となる。

そこにあるのは「ありがとう」と「ごめんなさい」の精神です。

私がこの言葉を書いたのは、この2つの言葉の重みを思い知るような体験をしたことがきっかけでした。

2012年3月に、私は富山県で内観研修を受けました。

これは浄土真宗の修行を原型とするもので、私は7泊8日、1日15時間の研修を受講しました。

六畳一間の畳の個室の中を白い屏風で仕切り、一畳ほどのスペースを作って座ります。外界とは完全に遮断された、自分だけの空間ができるわけです。

そして携帯電話やパソコンを持ち込まず、一週間たった一人で誰とも話さずに過ごします。睡眠や食事の時間以外は、ただひたすら思索にふける毎日です。その間に先生から言い渡されたテーマは3つでした。母親、父親、兄弟姉妹、親戚、上司など一人ずつを選び、それぞれに対して丸一日をかけて以下をじっくりと思い出していくのです。

「してもらったこと」

「(それに対して)して返したこと」

「迷惑をかけたこと」

それを3年刻みのスパンで90分間かけて、子どもの頃から順番に思い返すように言われたのです。

「今日はいつ頃の、どなたとの思い出を調べますか」

先生に問われた私は、「幼稚園時代の3年間の、母との思い出を調べます」と答えました。それから90分間、私は遠い記憶を掘り起こす作業に没頭します。

母におもちゃを買ってもらったこと、旅行に連れていってもらったこと、泣いている時に抱きしめてなぐさめてもらったこと……。

「してもらったこと」がいくつも思い出されます。

黙って遠くまで遊びに出かけたら、母が顔色を変えて探しに来てくれたこと。「お母さんなんて嫌い」と言ったら、母が泣き出してしまったこと……。

「迷惑をかけたこと」もたくさん思い出しました。

でも、「して返したこと」はどうしても思い出せません。当然でしょう、幼稚園児が大人に何かをして返してあげられることなど、何もないのですから。

90分間が過ぎた頃、先生がまたやって来ます。私が思い出したことを報告すると、先生はうなずき、「では、次はいつ頃の思い出を調べますか」と聞かれます。

そうやって私は、小学校低学年の3年間、高学年、中学生と、3年刻みで記憶の糸をたぐり寄せていきました。

結局、母との思い出を調べるだけで、丸2日かかったのです。

私は研修中、何度も涙を流しました。自分がどれほど周囲の人に大切にしてもらっていたのか。親はどんな気持ちで自分のことを育ててくれていたのか。それに気づいたからです。そして、その**ご恩＝借りにまったく無頓着であった自分が情けなくて涙が止まらなかった**のです。

私の「借り」は一生かかっても返せない

こうして子どもの頃からの親への思い出をたどっていくと、何に気づくのでしょうか。自分がすでに一生かかっても返しきれないほどの借りをつくっていて、しかも何ひとつそれを返せていないことがよくわかるのです。

私にとって、それは頭をガツンと殴られたかのような大きな衝撃でした。内観研修を受ける前は、自分の「借り」と「貸し」はほとんど同じ、少し〝借金〟があるくらいだろうと思っていたからです。確かに若い頃は、借りのほうが多かったかもしれないけれど、そろそろ返し終わる頃じゃないかな、と。それがいかに甘い考えだったかを、私は思い知りました。

この1週間で私が思い返したのは、母や父、兄弟などの身内との記憶だけです。それだけでも膨大な借金をしていることがわかったのに、仕事でおつきあいのある人や友人・知人を含めたら、自分の借金の額はいったいいくらになるのだろうか。

「そういえば……」。私は様々な仕事上でも「借り」をつくった場面を思い出していました。懇意にしているお客様から知り合いの経営者を紹介していただいたのに、お礼をしていなかった……。お客様からのメールに対して2〜3日返事をしていないことがあった……。次々と思い出す場面が浮かんできます。私は恐ろしくなりました。

借金の額の多さに対してではありません。一生かかっても返せないほどの借金をしていることに気がつかなかった、自分の鈍感さが恐ろしくなったのです。

もちろん自分に借りがあることは自覚していました。でもそれは、「借金が10万円か20万円くらいはありそうだから、頑張って返さなければ」という程度のイメージでした。それが内観研修を終えた今は、自分の借金は数十億円か数百億円か、とにかく途方もない額になっていることに気づいたのです。

「自分の借りは一生かかっても返しきれない」

それはとてつもなく厳しい現実でした。

家に帰ってきた私は、紙を取り出して「ご恩返しと罪滅ぼし」と大きく書きました。

そして1年間、その言葉を眺めて暮らしたのです。

不完全な自分に気づくと、他人を許せるようになる

しかし、一方で、そのことに気づくことができて、本当に良かったと思っています。

過去の自分を直視し、自分の愚かさや至らなさに目を向けたことで、私は自らのダメな部分を認めることができるようになってきました。「自分は借りなんかつくらないぞ」と意固地になることができないほどの現状に気づくことで、いい意味であきらめがついたのです。ダメな自分でもしょうがない。そんな自分を受け容れて生きていくしかない。少しでも借りを返していくしかない。そう思えるようになりました。

自分を責めるのではなく、借りを返せなかった人たちに対して懺悔《ざんげ》した上で、「不完全な自分」を受け入れられるようになったのです。

自分の不完全さを認められると、今度は他人の不完全さも許せるようになります。

自分が借りをつくっていることに気づかないうちは、「あんなに面倒をみてあげたのに、お礼も言わないなんて失礼だ」と平気で他人を責めてしまいます。すると、相手を責めていることは態度や口調で必ず相手に伝わります。責められた方は当然のように自己正当化をしてきます。そして、あっという間に人間関係が悪くなる。しかも、双方とも「相手が悪い」「自分は悪くない」と思ってしまうのです。

しかし、自分に返しきれないほどたくさんの借りがあることを自覚すれば、「人のことは言えないな」と思って、他人の振る舞いを許すことができるのです。

すると、どうでしょうか。自分の心がとても軽くなることに気がつくことでしょう。自分も他人も完全でなくていい。１００点を取れなくてもいいのだと思えれば、生きるのがとてもラクになるのです。

「30点の私もOKだし、30点のあなたもOKだよ」と言える**「I'm OK. You're OK」**になってからの私は、他人との人間関係が以前と比べものにならないくらいにうまくいくようになりました。不完全な相手でも、ダメな相手でも許せるようになる。すると、人間関係は劇的に改善していくのです。

借りに気づく5

「教える」ことは「否定」すること。「語る」ことや「手伝い」は相手のためか？

１００枚のポストイットで部下が去っていった

「自分は相手のためを思ってやっているのだ」

そう信じて行動することは、誰にでもあるでしょう。

自分は相手にとってプラスになることをしているのだから、「貸し」をつくったことになるのだと。

しかし、**それがまったくの逆で、実はあなたが「借り」をつくっている**のだとしたら、どうしますか？

私には苦い思い出があります。

コンサルティング会社の社長だった頃、新人教育は私が直接担当していました。

「自分でやってみないと身につかない」というのが私の考えなので、指導はＯＪＴで行いました。

若手コンサルタントを私のクライアントへ連れて行き、お客様へのプレゼンも任せて、私はなるべく口を出さないで見守ります。そして、お客様の先から戻った後に、直すべき点や気づいた点を伝える。それが私のやり方でした。

ある時、永井さん（仮名）という若手コンサルタントが入社してきました。

私はやはり永井さんに客先でのプレゼンを任せ、自分はそれを見ながら、気になったことをポストイットに書き出していきました。

話す時の声が小さい。論理が不明確な箇所がある。ここは図を使ったほうがわかりやすい。言葉の使い方に矛盾がある……。

気がつくと、私が書き込んだポストイットは100枚近くに達していました。

私はそれを永井さんに見せて、「声が小さい」「図を使え」などと、ひとつひとつ指摘していきました。

永井さんは「こんなにいろいろと教えてくれてありがとうございます。とても勉強になります」と喜んでくれました。私も「やる気のある若手だな」と頼もしく思ったのです。

ところが、次にお客様先でプレゼンをした時も、前回指摘した箇所はまったく改善されていませんでした。

私は永井さんを呼び出し、「この前言ったことが全然できてないね。どうしてちゃんとやらないの?」と問いただしました。

永井さんは「すみません、次は頑張ります」と答え、私も次こそは、と期待をしました。

しかし、次のプレゼンでも、その次のプレゼンでも、永井さんのやり方はまったく改善されませんでした。私はとうとう堪忍袋の緒が切れて、今日こそしっかり理解させようと、お客様先から帰り次第すぐに永井さんを探しましたが、なぜかどこにも見当たりません。

そこで、他の社員に聞くと、「永井さんなら、さっきあわてて帰っていきましたよ」とのこと。私に説教されるのが嫌で、とうとう逃げ帰ってしまったのです。

結局、しばらくしてから永井さんは会社を辞めていきました。

理解するのは不可能だが、気持ちに近づくことはできる

しかし、当時の私は、自分が悪いなどとは微塵も思っていませんでした。

自分には長年の経験をもとに蓄積したノウハウやスキルがある。それを無償で永井さんにプレゼントしてあげたのだから感謝されて当然だ。そう思っていたのです。

しかし、今ならば永井さんの気持ちがよくわかります。

私は彼に**「教えている」＝「喜ばれることをしている」と思っていましたが、実は単に相手を「否定している」＝「傷つけることをしている」だけだった**のです。

確かに彼は経験が浅く、コンサルタントとして未熟でした。しかし、だからといってわざと間違った方法を行う人はいません。永井さんは永井さんなりに「これがベストだ」と思う方法を一生懸命に考え、実践していたのです。

それをすべて頭ごなしに否定し、「お前は間違っている」と言われたら、どう感じるでしょうか。永井さんにしてみれば、「お前はダメなヤツだ」と言われたに等しかった

はずです。しかもそれを、ポストイット100枚分も突きつけられたのです。彼がどれだけ傷ついたか、想像するに余りあります。

なのに当時の私は、「彼のために良いことをしている」と自己正当化して、相手の痛みに気づきもしませんでした。私の心のアンテナが、低かった証拠です。

永井さんは心の傷の痛みに必死で耐え、ギリギリまで我慢をしたのでしょう。私は永井さんに**貸しをつくったつもりでいたのに、実はこちらが借りをつくっていた**のです。

心のアンテナを磨く努力を始めてから過去を振り返り、ようやくそのことに気づいた時、私は天地がひっくり返ったようなショックを受けました。そして得意になって永井さんに教えていた自分を思い出し、恥ずかしさで一杯になったのです。

この話をすると多くのお客様からこう質問をされます。

「しかし、小倉さん、そんなことを言われたら部下指導ができなくなってしまいます。間違ったやり方をしている部下に知らん顔をして放っておけ、というのですか？」

いいえ、そんなことはありません。どうぞ、従来通り、指導をして、部下のやり方を否定し、正しい方法を指導していただきたいと思います。

しかしその時に、心の持ち方を変えてみていただきたい、と伝えます。かつての愚かな私のように嬉々として自信満々に部下を否定するのではなく、部下の気持ちを想像し「彼もつらいだろうな」と部下と共に心の痛みを感じながら指導してほしい、と。上司も部下と一緒に胸を痛めてもらいたい、と私は考えています。

上司が部下の痛みを感じながら教えれば、部下にもそれが伝わります。

そして「自分も痛い思いをしてまで教えてくれるということは、それだけ大事なことなのだな」と素直に受け入れられるようになるのです。

上司が何も気づかず、「私からのプレゼントをありがたく受け取れ」と押し付けるような教え方に比べれば、同じ内容のフィードバックでも、部下への伝わり方は180度違ってくるのです。

人と関わっていれば、「貸しをつくっているように見えて、実は借りをつくっている」という落とし穴にはまる可能性はいくらでもあります。

だからこそ、普段から人の気持ちを察知するアンテナを磨いておく必要があるのです。

もちろん、人の気持ちをすべて理解することなど不可能です。それでも、心のアンテナの感度が上がれば、少なくとも相手の心に近づくことはできます。

自分は今、相手に貸しをつくっているつもりで、実は借りをつくっているのではないか？

「自分は相手のためになることをしている」と思った時ほど、そのことを自分の胸に問いかけてみる必要があるのではないか。私はそう思っています。

第3章

「借りをつくる」
ということは、
「深く関わる」
と覚悟することだ

貸し借りの心構え 1

頼るのも礼儀。頼らないのは無礼

自分が任されたのだから、一人でやるべき?

私がリクルートの企画室に異動になったばかりの頃のことです。

当時、社内で持っていた衛星放送のチャンネルを使って、全国の支店や営業所を結び、社内キャンペーンの進捗をレポートするテレビ番組を放送しよう、という企画が持ち上がりました。そして、私が担当を任されたのです。

その頃の私は入社2年目の24歳。しかも企画室の仕事は初めてで、右も左もわからない状態。いきなり全社的な大仕事を振られて戸惑うばかりでした。

しかし、決まった以上はやるしかありません。各支店や営業所に連絡の電話やファックス（当時はまだインターネットがありませんでした）を入れたり、広報部と打ち合わせをしたりしていました。しかし、何しろ担当はたった一人。しかも経験の浅い新米なのです。

それでも私には、誰かに手伝ってもらうという発想は浮かびませんでした。

上司も先輩も忙しそうだし、手伝ってもらうなんて申し訳ない。それに、これは自分が担当を任されたのだから、最後まで一人でやるべきだろう。そう考えたのです。

その頑張りが、かえって迷惑をかけている

しかし、結局作業は遅々として進まず、予定のスケジュールにはどう考えても間に合わないという事態に陥ってしまいました。

どうしたらいいんだ……。青い顔をして、デスクで頭を抱えていた私は、ふと視界のすみで企画室長が電話を何本もかけていることに気づきました。

そして私の耳に、こんな言葉が飛び込んできたのです。

「うちの小倉という者が、こんな企画をやっているので、ひとつよろしく頼みます」

自分の仕事が遅いせいで、企画室トップの手をわずらわせてしまった……。

私は慌てて企画室長のところへ駆け寄り、「私がやるはずの仕事をやっていただいて、申し訳ありません」と頭を下げました。

するとと室長はニコッと笑って、こう言いました。

「何を言ってるんだ、小倉。困っている部下を手伝うのが上司の仕事なんだぞ」

そして、また次々と電話をかけ始めたのです。

それを見た先輩たちも、「私も電話するから、リストをちょうだい」と口々に言って、私を助けてくれました。

おかげで、衛星放送プロジェクトをなんとか予定通りに進めることができたのです。

その時の私は、無事に仕事を終えて、ただホッとするばかりでした。しかし本当は気づくべきだったのです。**上司や先輩の力を借りようとしなかったことで、かえって多大な迷惑を皆にかけてしまった**ことに。最初から、手伝いを断らずにお願いしておけばこんなことはおきなかったはず。

そして、「こんなにギリギリまで何も言わないなんて、自分たちは頼りにされていないのだろうか」と思わせてしまっただろうということにも、思い至るべきでした。

私は**最初から素直に周囲を頼ればよかったのです。そうすれば、もっと深い信頼で結ばれたチームワークが生まれていたかもしれません。**

結果的に私は、上司や先輩にとても無礼な振る舞いをしていたのでした。

「お言葉に甘えます」まずはその一言から

今の私は、**「頼るのも礼儀」**だと考えています。そして、誰かが助けを申し出てくれたら、気持ちよくそれに甘えることにしています。

私が、とある小売チェーンのコンサルティングを手がけた時のことです。

現場を知らないと良い提案はできないと考えた私は、いくつかの店舗を視察することにしました。その会社は地方を中心に店舗展開しているので、私には土地勘がありません。

私は人事担当者に、「一日かけてレンタカーで店舗を回るとしたら、どのコースがいいか教えてください」と頼みました。すると担当者の大木さん（仮名）は「私が車を出して、各店をご案内します」と申し出てくれました。

私は一瞬、ためらいました。

大木さんだって仕事が忙しいのに、一日つきあわせるのは申し訳ない。それに、外部から来たコンサルタントと一日行動をともにすれば、気を使わせてしまうだろう。そんな考えがちらっと頭をよぎったからです。

しかし、一秒ほど逡巡した後、次の瞬間、私はこう答えました。

「ありがとうございます。お言葉に甘えます」

大木さんは、これから一緒にプロジェクトを進めていくメンバーでもあります。だったら、堂々と借りをつくっておけばいい。借りを返す機会は、いくらでもあるはずだ。そう腹をくくったのです。

「私が一人で店に入っても、挨拶をしてくれないお店があるけれど、なぜなのか？　挨拶はしなくてもいいことになっているのか？」

「店の奥にある事務所の様子が丸見えになっている。営業の数字や社内資料がお客様にも見えているがそれは問題ないのだろうか？」

「店によって、店長のカラーが色濃く出ているようだが、それは会社としては良し、とすることなのだろうか。それとも、もっとカラーを統一していくべきなのだろうか？」

大木さんは、私の質問にていねいに答えてくれました。そして、同時にじーっと考え込んでいる様子でした。

「私たちスタッフから見ると気にならない、当たり前のことが、外部の小倉さんの視点から見ると不思議に見えるのですね。確かに、お客様から見たらそう見えるかもしれません。これは考え直さなくてはいけないかもしれません……」

その後も、私と大木さんは、店長たちを食事やお茶に誘って、率直な現場の意見を聞きました。本社にいると聞こえてこない現場の声に、大木さんは熱心に耳を傾けていました。

そして、車で移動をする間は、お互いがこれまでにしてきた仕事のことや、今回のプロジェクトへの思いを熱く語り合うことができました。

甘えることは、「あなたを信頼しています」という宣言

「今日はありがとうございました。本当に助かりました」

一日が終わった時、そう言って私は大木さんに手を差し出しました。すると大木さん

も私の手をがっちりと握り、笑顔でこう返してくれました。

「小倉さんのおかげで、とても勉強になりました。こちらこそ、ありがとうございます！」

その表情を見た時に、私は彼との距離が確実に縮まったことを感じました。

そして、「やっぱり大木さんに甘えて良かった」と思ったのです。

確かに、借りをつくることにはわずらわしさが伴うのも事実です。**借りをつくれば相手に気を使うし、助けを借りずに自分一人でやったほうが、自由で気楽だということもあるでしょう。**

しかし、そのわずらわしさを越えたところでしか、手に入らない関係もあるのです。

もし私が大木さんの申し出を断っていたら、いまだに二人の関係は「外部から来たコンサルタントと、プロジェクトの社内メンバー」という文字通りの域を出ていなかったと思います。淡々と仕事をこなし、プロジェクトが終われば離れていく。それだけの関係だったかもしれません。

「借りをつくる」ということは「借りを返す」、つまりはご恩返しをするぞ、という決意を伴います。それはすなわち「私はあなたを信頼しています。これからもあなたと深く関わっていきます」という宣言になるのです。

自ら借りをつくっていく。それはさびしい人生から抜け出し、人と深くつながっていく豊かな人生を送るための絶対条件です。そして、人と深くつながっていくことでビジネスもプライベートも充実したものに変わっていく。

人生を変えるためには、借りをつくることは避けて通れないのだと私は思います。

貸し借りの心構え 2

お金やモノ以上に関わりが深まる「心」の貸し借り

人間関係は「都度清算」じゃない

借りをつくったら、またそれを返せばいい。私はそう話してきました。

ただし、その「貸し借り」が一度きりで終わっては意味がありません。

「相手が何かしてくれたから、そのぶんを返してプラスマイナスゼロにする」

そういった考えは、その都度、相手との関係を清算しているようなものです。

清算し合う関係とは、お互いが「もう二度と会うことがなくてもいい」と考えている関係とも言えます。それでは、人との関係が深まることはありません。

お歳暮のやりとりのように、お互いに品物を贈りあったら終わりではなく、貸し借りのキャッチボールをずっと続けていく。それが、私が考える善意の「貸し借り」のイメージです。

背中を押してくれたあの一言

「小倉さん、あなたはぜひ塾をやった方がいい」

突然そう言われた私は「はい？」と聞き返しました。

私に貴重なアドバイスをくださったのは、ビジネス書作家の大先輩で、私がメンターとして慕っている古川裕倫さんです。

「塾……ですか。どんな種類の塾でしょうか？」

「今の日本に欠けているいちばん大切なこと。人はどう生きるべきなのか？　志とは何なのか？　それをテーマにしたらいい。たくさんの読者を持つ小倉さんならばそれができる。ぜひやった方がいい」

その時、まさに私はそれを考えていました。単なるビジネススキルではなく、もっと深く自分の生き方を探るような学びの場がほしい。しかも、誰かに私が教えるのではなく、みんなと一緒になって私自身が学んでいく。そんな場をつくれないだろうか、と漠然と考えていたのです。

しかし、仕事の忙しさを言い訳に私はそれを先延ばしにしていました。そんな時に、その気持ちを見透かしたかのように、古川さんは私の背中をポンと押してくださったのです。

こうして始まったのが、私が月に一度、東京、関西、名古屋で開いている「人間塾」です。毎回一冊、東洋哲学の書物を取り上げ、集まってくれた塾生たちと共に内容について語り合う。そこから自分たちの生き方について思索を深めていく勉強会です。

私は塾を開くにあたって、課題図書となる書籍の選択や塾の運営方法など、古川さんにいろいろと相談をしました。きっかけをつくってくださった方だし、ここは思い切って甘えてみよう。そう思ったのです。

そして、現在、古川さんのお陰で始まった「人間塾」は大変好評です。今も毎月、全国で100名ほどの方が集まり、熱く議論をたたかわせています。私はこの「人間塾」のお陰で、たくさんの素敵な方と知り合うことができました。そして、私と同じような気持ちで、たくさんの塾生さんたちが人間塾に感謝をしてくれています。

このような素晴らしい機会を与えてくれた古川さんには、感謝をしてもしきれないほどの気持ちです。

やりとりしているのは「ありがとう」の気持ち

それからのこと。私は古川さんに、善意の借りをお返しする機会がないか、と気にするようになりました。すると、ある時、古川さんからこんなお誘いがありました。

「小倉さん、仲間や先輩がたと『いい話を後世に順送りする会』というのをつくろうと思うんだが、小倉さんもメンバーに入りませんか」

それは、素晴らしい先人たちから学んだ教えを、後世に伝えていこうという主旨の会でした。

先人というのは、身近な上司や先輩でもいいし、歴史上の人物でもいい。私たちが新たに考えついたことなどたいしたことはないのだから、自分たちが伝道師となって、それを若い人たちへ伝えていこうじゃないか。

そんな古川さんの考えに共感した私は、喜んでこの会に参加させていただくことにしました。そして思いました。ご恩返しをしようと思っていたらまた一つ、善意の借りが増えてしまった。いったい、いつになったらお返しをできるのだろうか……と。

しかし、こうして**遠慮をせず、貸し借りから逃げることなく、借りをつくっていると、思わぬところで少しだけでもお返しする機会が訪れてきます。**会の発起人である古川さんは、本会の最年少である私に「メンバー表や会報をつくりたいんだけど、私はどうもパソコンが苦手で……」とチャンスを与えてくれました。

私はこんなことぐらいでしかお返しができないと思い、喜んで「やります!」と手を挙げました。そしてさっそく皆さんから情報を集め、文章を書き、ちょっとしたパンフレットのような体裁をつくりました。

また、会のメンバーは定期的に集まって、情報交換や近況報告をします。もちろん、その席で注文をとったり、空いた皿を下げたりするのは、私の役目です。テーブルの隅っこで、焼酎の水割りをひたすら作り続けることもあります。

そんな私の姿を、古川さんはいつもニコニコしながら見ていて、「小倉さん、今日もありがとうね」と声をかけてくださいます。しかし、お礼を言いたいのは私のほうです。

「ご恩返しの機会をいただいて、ありがとうございます」と言いたいくらいなのです。私は**借りを返しているつもりで、ますます古川さんに借りをつくり続けている**のかもしれません。

私と古川さんの間に、お金やモノのやりとりは介在しません。人間塾のきっかけをつくってもらったからといって、私が謝礼を古川さんに支払ったわけではありません。古川さんだって、「会の仕事をいろいろとやってくれているから、今度はちゃんとギャラを払わないといけないな」などとは考えていないでしょう。どちらもが互いに、金銭のやりとりをすることなど想定もしていないのです。

私たちがやりとりしているのは、「ありがとう」という気持ちであり、相手へのご恩です。私たちは、**「心」を貸し借りしている**のです。

いえ。おそらく古川さんのほうは、そんなことさえ考えていらっしゃらないでしょう。人生の先輩として後輩を思う純粋な気持ちから、私をいつも気にかけてくれているのだと思います。特別なことをしているつもりはなく、当たり前のことをしているだけなのかもしれません。だからこそ余計に、私も古川さんのお役に立ちたいと当たり前のように思っています。

つまり、私たちのやりとりは、「ギブ&テイク」ではなく、「ギブ&ギブ」なのです。

お互いに、相手に与えることしか考えていない。実利での見返りなど期待していないのです。古川さんの場合は間違いなくそう言えるでしょう。しかし、私自身はまだまだ借りばかりでお返しをできていません。しかし、気持ちとしては「ギブ&ギブ」でいたい。そう思っています。

「与えてやったんだから、何かを返せよ」という関係ではなく、

「こちらは好きで与えているのだから、何も返さなくてもいいよ」

そう思い合える関係こそ、本当に深い信頼で結ばれていると言えるのではないでしょうか。

まずは自分が損をすればいい

西郷隆盛の言葉に、こんなものがあります。

「徳に励む者には、財は求めなくても生じる。従って、世の人が損と呼ぶものは損ではなく、得と呼ぶものは得ではない」

この「損」というのが、「ギブ」に当たります。「得」が「テイク」です。

みずから損をとる生き方をし、徳を積んでいれば、お金や地位はあとからついてくるものだ。その瞬間は損をしているように思えても、実はそれがあなたの人生を豊かにしてくれる。西郷隆盛はそう教えてくれているわけです。

儒学の礎《いしずえ》をつくった孟子と荀子も「先義後利」という言葉を残しています。まず義のあること（正しいこと）をすれば、利益はあとからついてくる、という意味です。

言葉は違えど、両者が言わんとすることは同じです。

まずは自分が損をすればいい。損というのは、誰かを手助けしてあげることだったり、自分が心理的な負担をするということです。そうやって徹底的に損なことを選んでいけば、見返りなど期待しなくても、勝手にそれ以上のものが返ってくるのです。

見返りを期待する関係は、単なる取引関係です。取引が終われば、関係も終わり。お互いの間には何も残りません。

でも、心をやりとりすれば、相手への尊敬や思いやる気持ちが生まれます。だからこそ、人と人が深くつながっていけるのです。

それは、お金やモノのやりとりでは、決して手に入らないものなのです。

同じものでなくていい、別のもので返せばいい

せめて…と残したホワイトボードのメッセージ

「このたびは本当にありがとうございました」

私は電話口で、相手に見えないことを承知しながら、深々と頭を下げていました。電話の相手は、以前からの知り合いで、関西で会社を経営する高橋さん（仮名）です。

「とんでもない、私たちが好きでやったのですから、構わないんですよ」

こちらの予想通り、高橋さんは明るい声でそう言ってくれました。

私が主宰している「人間塾」は毎回、無償で会場を提供してくださる方の善意で成り立っています。今回も高橋さんの会社が、「休日の会議室なら空いていますから、ぜひ使ってください」と快く場所を提供してくださいました。

私はありがたく会議室をお借りすることにしたのですが、当日その場に行ってみて驚きました。会場の入り口には、明らかに新品とわかる来客用のスリッパがずらりと用意されていました。会議室に入ると、これもピカピカの椅子がいくつも並んでいます。

しかも休日にも関わらず、高橋さんの会社の社員が手伝いに来てくれたのです。

私がその社員の方に確かめると、やはり社長の指示で新しい備品を用意したとのことでした。

感謝の気持ちを行動に変換してみる

「しまった、私が軽い気持ちで会場を借りたせいで、高橋さんに余計な気を使わせてしまった……」

私の頭に、「椅子やスリッパの代金だけでも、お支払いすべきではないか」という考えがよぎりました。

しかし、私がそう申し出ても、高橋さんが断ってくることは容易に想像がつきました。

高橋さんは人間塾の主旨に共感し、私を応援したいという純粋な気持ちで、このような気遣いをしてくれたのです。それをお金で返すのでは、単なるギブ&テイクになってしまいます。

高橋さんが私にくれたのは心なのですから、私も心でお返ししたい。何とか気持ちを伝えることはできないだろうか？

そう思った私たちは、塾生たちと話し合った結果「お礼に、お借りしたこの部屋を来た時よりもきれいにしてお返ししよう」という結論に達しました。

私たちは皆で協力して、床や窓をぞうきんでピカピカに磨き上げ、椅子や備品もきちんと整頓をしました。そして最後に塾生たちで、お借りしたホワイトボードに「会議室を貸してくださって、ありがとうございました」というメッセージを書き残しました。

「次の日にあのホワイトボードのメッセージを見て、少しはお役に立てたのだなと嬉しい気持ちになりました。また関西で『人間塾』をやることがあったら、いつでも声をかけてくださいね」

高橋さんは電話の最後に、こう言ってくれました。それを聞いて、私はほんの少しだけでも高橋さんの善意にお返しをできたと感じ、ほっと胸をなで下ろすことができたのです。


心と心のやりとりに、決まった形はありません。ですから、同じものや金額に見合っ

たものを返す必要はありません。

「千円おごってもらったから、千円おごり返さなくちゃ」

それはギブ&テイクの発想にとらわれた、さみしい考え方です。

ご恩をいただいたから、こちらもご恩を返したい。その気持ちさえあれば、どんな形で返しても構わないのではないでしょうか。不格好でも、言葉足らずでもいいので、まずは気持ちを行動に変換してみる。

会議室をきれいにし、ホワイトボードにメッセージを残すことが、本当に良かったのか。もっと他に良い方法があったかもしれない。それは私にもわかりません。

それでも、自分に出来る精一杯のお返しをすれば、その気持ちは必ず伝わる。私はそう思っています。

本人に返さなくていい。社会に返せばいい

誰かが誰かに返すことで、世の中が回っている

私がまだ会社員だった頃の話です。

飲み会を終えて、私が支払いをしようとすると、年下の後輩が慌てて飛んできました。

「小倉さん、たまには僕におごらせてください」

「いいよ、そんなに気を使うなよ」

「いえ、だって前回もご馳走になってしまいましたから、今回こそはお返しをさせていただきたいのです」

困り顔でそう言った後輩に、私はため息をついてこう答えました。

「あのね、僕にお返しをしなくてもいいんだよ。そんなことをしてもらっても嬉しくないんだ。そうではなくて、あなたがもう少したくさん給料をもらえるようになったら、その時は自分の後輩におごってあげればいい。僕もそうやって先輩からおごってもらってきたんだから。順送りなんだよ」

そう、**借りを返す相手は、別に本人ではなくてもいい**のです。

先輩から後輩へ、後輩からそのまた後輩へ。そうやってご恩返しを連鎖させながら、世の中は回っているのです。

返せる時に、返せる場所で、返せる相手に借りを返せばいい。そうやって、**誰かが誰かに借りを返しながら、この社会は続いているのです。**

私には、橋本博司さんという友人がいます。

彼はカンボジアの田舎村で、小学校のない地域に小学校をつくるボランティア活動をしています。

橋本さんがこの活動を始めるきっかけとなったのは、バックパックを背負って世界中を旅していた大学時代、20歳の頃の体験でした。

貧乏旅行をしていた彼は、手持ちのお金も食料も底をついてしまい、ひもじい思いで道端にうずくまっていました。

すると、たまたま通りかかったバックパッカーの中年女性が、「どうしたの?」と声をかけてきたそうです。お腹が減っていることを話すと、彼女は彼を食堂に連れていき、食事をご馳走してくれました。

お腹が一杯になってひと息ついた橋本さんは、その女性にこう問いかけたそうです。

「本当にありがとうございます。でも僕はお金がないので、食事代を返せないんです。どうすればいいですか？」

すると女性は、にっこりと微笑んでこう言ったのです。

「私も若い頃はお金がなくて、何度も見ず知らずの人に食事をおごってもらったの。たくさんの人に助けてもらったお礼を、今こうして返しているだけ。だからあなたは、私にお返ししようなんて考えなくていいのよ」

それを聞いた橋本さんは、「いつか自分も、誰かにこのご恩を返そう」と決意したそうです。

そして彼は今、カンボジアの子どもたちのために学校をつくるという形で、ご恩を返し続けています。あの女性につくった借りを、社会に返しているのです。

社会へ返すための窓口は、至る所にある

借りをつくった本人へ返すことだけにこだわらず、「社会にご恩返しすればいい」と

考えると、借りを返すチャンスは格段に増えます。

誰かを助ける機会が身近にあれば、迷わず手を差し伸べればいい。それが、いつか誰かがあなたに与えてくれたかつてのご恩を、お返しすることになるからです。

私は40代後半ですが、この年齢になると、借りをつくった本人がすでに他界して、借りを返したくても返せないことが増えてきます。私も両親や伯父伯母を亡くして、本人たちに借りを返す機会を永遠に失いました。

また、若い頃にお世話になった上司や先輩も、すでに別の会社に移ったり、地方に移り住んだりして、疎遠になってしまった人も少なくありません。

それは本当に申し訳なく、心苦しいことです。でもだからこそ、その人たちにつくった借りは、別の誰かに返していきたいと思うのです。

私はすでに一生かかっても返しきれない借りをつくっているとわかっています。だからこそどんなチャンスも見逃さず、できる限り社会に返していくよう心がけています。

「すきあらばご恩返し」というのが、今の私のモットーです。

私が橋本さんの活動を支援しているのも、ご恩返しのひとつです。社会に貢献している人を応援することで、私もいくらかご恩を返せるのではないかと思うからです。

橋本さんとは、彼が私の「人間塾」に来てくれたことがきっかけで知り合ったのですが、カンボジアでの活動を聞いた私は、瞬間的に「何か、自分にお手伝いできることはないだろうか？」と考えました。彼の活動が、私の心のアンテナにビビッと来たからです。

またある時は、友人の女性が東北の被災地でパン作りを教えるボランティアをしているると知って、ささやかな額ですが寄付をさせてもらいました。彼女が毎回の材料費や交通費などを、すべて自腹でまかなっていると聞いて、少しでも力になりたいと考えたからです。

「社会へ返せばいい」というと、逆に大げさで難しいことに聞こえてしまうかもしれません。しかし、社会とつながる窓口は至るところにあるのです。

貸し借りの心構え 5

今すぐ返さなくてもいい。心に刻んでおけばいい

若い頃は人の好意に恐縮ばかりしていた

前項で、私が後輩に「借りは自分の後輩に返せばいい」と話したエピソードを紹介しました。

でも私自身、若い頃はその後輩と同じように考えていたのです。

私は若手コンサルタントの頃から、数多くの企業経営者と接してきました。**成功した経営者に共通するのは、人を喜ばせるのが大好きだということ**です。

若手に食事をおごったり、仕事関係者にサプライズでプレゼントを贈ったり、別のお客様を紹介してくれたり。私もそんな経験をたくさんしてきました。

しかし、当時の私はまだまだ未熟で、お金も人脈も社会的な力もありません。

「こんなに良くしていただいても、いつお返しできるかわからない。いや、一生返す機会などないんじゃないだろうか」。そう思い、いつも申し訳なさそうにしていたのです。

私のそんな気持ちに気づいたのでしょう。ある時、一人の社長さんにこう教えていただきました。

「小倉さん、僕は人が喜ぶ顔を見るのが好きだから、やっているだけなんだよ。だから、申し訳なく思う必要なんかない。**もしどうしても気になるなら、今は借りをつくった事実だけを心に刻んでおけばいい。そうすればいつか、自然と借りを返す機会はやってくるのだから」**

その時の私は、正直なところ、社長の言うことがわかったような、わからないような気持ちでした。しかし、それから20年近く経った今なら、あの社長が言いたかったことがよく理解できるのです。

18年ぶりにやって来た、ご恩返しの機会

まさに先日も、遠い昔につくった借りをお返しするチャンスがやって来ました。

ある日、私に届いた一通のメール。それは、私がリクルート時代に受講した外部研修で講師をしていた浅野先生（仮名）からのものでした。

「小倉さんのお名前を最近いろいろなところでお見かけします。さぞご立派になられた

ことでしょう。よろしければ一度、お食事でもしませんか」

　このメールを読んで、私は本当にありがたく思いました。

　若い頃の私は、とにかく生意気な社員でした。人へのご恩や感謝など感じることのない、自己中心的な人間だったのです。だから浅野先生の研修を受講中も、ふてぶてしい態度だったのではないか、と思い出されます。先生にとっては、さぞや扱いにくい生徒だったことでしょう。

　自分がいかに嫌な人間だったかを思い出して顔を赤くしながら、私は先生に返事を出しました。

「ありがとうございます。ぜひご一緒させていただきたいと思います。お会いできるのを楽しみにしています」

　そうして久しぶりに顔を合わせて、昔話に花を咲かせながら、楽しい時間を過ごすことができたのです。

　その会話のなかで、先生の手がける新しい研修の参加者の申込みがあまり芳《かんば》しくないことがわかりました。先生は何気なく、近況報告としてぽろっとこぼしただけでしたが、私には「ご恩返しのチャンスだ」とピンと来ました。

さて、私が先生のお役に立てることは何だろうか。

まずは、先生の研修をメールマガジンやフェイスブックで紹介することにしました。少しでも先生のことを多くの人に知ってもらうのがいちばんだと考えたからです。

さらに、私のフェイスブックで浅野先生の研修に興味を持った方から問い合わせがあったので、私が仲介して先生にご紹介もしました。

先生からは「いろいろと気を使ってくれてありがとう」と感謝の言葉が届きました。

私は18年の時を経て、ようやくほんの少しだけ、先生に借りをお返しすることができたのです。

「してもらう人生」から「させていただく人生」へ

こうした経験をするうちに、私は20代の頃にあの社長が教えてくれた「借りを心に刻んでおけば、返す機会は自然とやってくる」という言葉の意味がわかるようになりました。

若い頃は誰もが未熟です。だから、力のある人に助けを借りるわけです。

それを返すためには、自分も同じように力のある人間にならなくてはいけません。「借りを心に刻む」というのは、「この借りを返せるだけの力をつけるまでの間もそれを忘れない」と決意することでもあるのです。

もし私が何の成長もしないまま、浅野先生にお返しがしたいと思っても、私にはその術がなかったでしょう。

しかし幸いなことに、今の私にはメルマガや著作、フェイスブックなどを通じて、私のメッセージを聞いてくれる人が何万人もいるのです。そして僭越《せんえつ》ながら、「小倉さんの紹介する人なら、信頼できそうだ」と思ってもらえる程度の社会的信用もいただいています。

私が今「すきあらば恩返し」を実践できるのも、わずかなら力がついたからだと思うのです。

しかし「力がつく」というのは、単に社会的な地位が上がったり、仕事のスキルやノウハウが身につくという意味だけではありません。善意の借りを返すこと。ご恩返しをしていくためには、ご恩に気づくことが最も大切です。

つまりは、**人の気持ちを察する力や周囲を思いやれる力といった「人間力」が必要**なのです。

人は成長し、社会的な地位が上がるほどに、負うべき責任も大きくなっていきます。そしてそれとともに様々な問題やトラブルの矢面に立つことが増えてきます。そうした困難を乗り越えるなかで、人は自分を見つめ直し、少しずつ成長していきます。

ですから、**日々の仕事を前向きに頑張り、自分を成長させてさえいれば、いつの間にか人間力も少しずつ上がっていく**ことが多いように思います。そして同時に、心のアンテナも磨かれていくのです。

そうすれば、そろそろ「借りを返す時が来たのだ」と悟る瞬間がごく自然にやってくるではないか。私自身の体験を振り返ってみてもそう思います。

私も40歳を過ぎた頃に、その時が訪れました。

「してもらう人生」から「させていただく人生」へと変わる瞬間が、自然に訪れたのです。

だからこそ、若いうちに借りをつくってしまったからといって、焦る必要はありません。むしろ**「一刻も早く返さなくては」と強迫観念にかられているうちは、まだ借りを返すだけの力がついていないのだと考えるべき**でしょう。

私は今、長い人生でようやく「ご恩返しキャンペーン」を開催することができています。

あなたも心に借りを刻んでおけば、いずれその時はやってきます。それまではしっかりと力を蓄えることに、そしてご恩を忘れずに心に刻みつけることに専念してほしいのです。

第 4 章

社会に借りを返す

6つの方法

社会に借りを返す方法 1

自分に得のないことをすると、品格が上がる

手足は泥だらけなのに、心は清々しい

私は1年半ほど前から、新宿や渋谷の街頭を清掃するボランティアに参加しています。

これは、イエローハット創業者の鍵山秀三郎さんが立ち上げたNPO法人日本を美しくする会の活動で、日本各地はもとより、ブラジルや台湾など海外にも支部を持つ世界的な運動として知られています。

早朝5時半に集合し、ゴミを拾い、路上を掃き清め、どぶをさらう。そんな作業が一時間ほど続けられます。

そして鍵山さんも、ボランティアスタッフに混じって黙々と作業をされています。道路に膝をつき、自分の手をどぶの中に突っ込んで、素手で泥や落ち葉をかき出す。そんな姿を何度も私は目の当たりにしてきました。

いつもは黙って掃除をし、立ち去っていく鍵山さんですが、先日参加した清掃の時に、幸運にも短い訓示をいただくことができました。

その日集まった100名を超える人々の前に歩み出た鍵山さんは、こんな短いスピーチをされたのです。

「人は、自分にとって得にならないことをすると品格が上がります。自分にとって得になることをすると品格が下がります。皆さんは今朝、自分にとって得にならない清掃を一生懸命されました。皆さんの品格はおおいに上がっております」

たった一言のスピーチでしたが、私は胸を打たれ、心が震えました。私が清掃活動に参加しているのは、これが「ご恩返しと罪滅ぼし」になると考えたからです。

しかし、鍵山さんが教えてくれたのは、それが単に**「借りを返す」ことを越えて、自分の内面を豊かにし、幸福をもたらしてくれる**ということでした。

私はこれまでのことを思い出していました。

毎回掃除を終えて、自分の両手両足が泥で真っ黒になっているのを見ると、清々しい気持ちになります。そして帰り道には、汚れた軍手とスコップを持って電車に乗っている自分が少し誇らしく思えます。

それは私にとって、とても幸福な瞬間なのです。

その理由がはっきりとわかりました。

自分にとって得ではないことをやっている。それにより少しだけでも品格が上がっている。

それが実感できていたからだったのです。

誰かがやらなくてはいけないなら、自分がやればいい

鍵山さんの言葉を聞いてから、私はますます「得にならないこと」を喜んでするようになりました。

駅の階段でベビーカーを運ぶのに苦労しているお母さんがいたら、手を貸して一緒に運ぶ。勉強会のあとで皆がお茶を飲んだコップがそのままになっていたら、自ら進んで

洗う。事務所の玄関に脱ぎっぱなしになっていたお客様の靴を揃える……。

ランニングの途中で道路の真ん中に大きな落下物が放置されているのに気づき、近くのゴミ捨て場までひきずっていったこともあります。

どれもほんのささいなことです。でも、**ささいなことほど「自分がやらなくても、他の誰かがやってくれるだろう」と思うものです。その結果、それはいつまでも放置されて、誰かが嫌な思いをしたり、迷惑をかけられたりすることになります。**

だったら、気づいた人が進んでやればいい。どうせ誰かが引き受けなくてはいけない損な役回りなら、自分がやればいい。

そうやって社会に借りを返し続けているうちに、あなたもきっと「させていただく幸せ」を実感するようになることでしょう。

それは「してもらう幸せ」よりも、はるかに大きいことを実感されるに違いありません。

社会に借りを返す方法 *2*

社会との約束を守ると信頼される

コモンセンスに従うことが、社会に借りを返すこと

私はよく、企業研修で管理職の人たちにこんな質問をします。

昨晩、あなたは部下に食事をおごってあげました。

部下は「ごちそうさまでした」とお礼を言って帰っていきましたが、翌朝会社で顔を合わせても、部下から「昨日はありがとうございました」という言葉はありません。

さて、これは上司への礼儀としてＯＫでしょうか。それともＮＧでしょうか？


どんな職場でも、意見はたいてい二分します。

「お礼は昨日言ってくれたのだから、それで十分なのでは。二回も言う必要はないでしょう」という人もいれば、「改めてお礼を言うのが社会の常識」という人もいます。私も、こうして両方の意見が出ることは想定済みです。


では、なぜこんな問いかけをしたのか。

それは、**「人間の価値観は、それぞれに異なる」**ということを再認識してほしいからです。

「コモンセンス」という言葉があります。日本語に直訳すれば「常識」です。

要するに、「この社会で生きていこうとするなら、誰もが守らなくてはいけない約束」のことです。

法律やルールはもちろん、目上の人に対する礼儀やマナーも、コモンセンスです。

「人として正しいことをする」という良識や道徳も含まれるでしょう。

コモンセンスを守ることは、社会に借りを返すことにつながります。皆が約束を守れば、社会の秩序は保たれ、平穏に回っていくからです。

もしも約束を破る人が増えれば、社会そのものが成り立たなくなる可能性さえあります。

「赤信号、皆で渡れば怖くない」と言いますが、本当に皆が信号を無視するようになったら、それこそ交通社会における秩序は崩壊してしまいます。

だから私たちは、**コモンセンスに従うことで、社会に少しだけ借りを返すことができ**

るのです。

かつての私は、そのようなマナーを疎《うと》んじて面倒くさく思っていました。そんな面倒なことをしなくてもいいじゃないか。保守的なマナーなどは古くさい昔の人の考えであり、現代社会では、そのようなしがらみを減らしていくべきだ。そう考えていたのです。

しかし、現在の私はそうは思いません。当たり前のマナーを保守的に守っていくだけで、わずかではあるものの借りを返すことができるようになる。そう思っているからです。

なぜ目上の人に礼儀を尽くす必要があるのか

ところが、コモンセンスの「センス＝感覚」なだけに、その基準はかなりあいまいです。

先ほどの例のように、「食事をおごってもらった時に一度だけお礼を言えば、コモンセンスを守ったことになる」と考える人もいれば、「翌日も改めてお礼を言うことが、コモンセンスなのだ」と考える人もいるわけです。

では、社会に借りを返すためには、どのレベルでコモンセンスを守ればよいのか。難しい問題ですが、私はこのように考えています。

「できる限り厳しい基準でコモンセンスを守るよう心がけるべきだ」と。

自分に課す基準を厳しくすればするほど、他人に迷惑をかけたり、嫌な思いをさせてしまうことは少なくなります。

上司に食事をおごってもらったら、たとえ相手が気にしていなくても、やはり翌日に改めて「昨日はありがとうございます」と言うべきなのです。


それは大変なことかもしれませんが、コモンセンスをきちんと守れる人は、代わりに大きなご褒美を手に入れることができます。

それは、「信頼」です。

あの人はきちんと挨拶ができる。あの人は必ず時間を守る。あの人は嘘をつかない。こうしたひとつひとつが、周囲の人の信頼につながるのです。

ところが「この程度でいいや」とコモンセンスを甘く考えていると、信頼はすぐに失われます。

閣僚に任命された政治家が、あとから不正経理や献金、女性問題などで辞任していくことがよくありますが、これも本人は「この程度のことで」と考えていることがほとんどだと思います。

しかし、「ノブレス・オブリージュ」という言葉があるように、本来なら社会的地位が高い人ほど、厳しく自分を律しなくてはいけないのです。


礼儀やマナーについても同じです。

自分より目上の立場の人には、できる限りの礼節を尽くす。それが社会に借りを返すことになると考えています。

とはいえ、私も若い頃は、上司に対して失礼な振る舞いばかりしていました。

上司が親切にアドバイスをくれても、「本当にそうなのかなぁ?」と懐疑的になり、せっかくのアドバイスを受け容れなかったことが多々あります。

また、「小倉、あの件はどうなっているんだ?」と質問された時に、「大丈夫です」とあいまいに答え、上司を不安にさせてしまったことも何回もあります。まったくもって上司に対する礼を欠いていた。しかし、それに対する自覚も反省もなかったのを思い出します。今思えば、それこそコモンセンスのない恥ずかしい行いでした。

「人」ではなく、「立場」を敬いなさい

上司や目上の人に対して礼を欠いていた私。コモンセンスが欠けているのに、自分は悪くない、古くさい悪慣習などやめてしまえばいいんだ、と思い込んでいた私はある日、自分の考えを根本から見つめ直すきっかけとなる言葉に出会いました。

教育者であり、哲学者でもあり、私の敬愛する森信三先生の著作のなかに、こんな一文を見つけたのです

「人ではなく、立場を敬いなさい」

いったいどういうことだろう？　読み進めると、こんなことが書いてありました。

この社会は秩序により成り立っている世界であり、秩序は必ず上下関係によって成り立っている。

大事なことは、この上下関係が、その人の人間性によって決まるものではないという

ことだ。

多くの場合、組織の上下関係は学歴や年齢といった社会的な約束ごとによって決まっている。相手の人間性を見て「この人は尊敬する」「あの人は尊敬しない」などと決めていては、社会の秩序が保てなくなる。

私たちは、この社会に生きることを自ら選択しているのだから、私たちは相手の人間性に関わらず、立場や地位に対して敬意を払うべきなのだ……。

つまり森先生は、**「性格が合わないとか、仕事の能力が足りないといって上司に反発することは、社会秩序を乱すことになる」**とおっしゃっているのです。


そして、こんなことも書かれていました。

「『上司が自分よりも能力が劣っているから、真面目に仕えるのはバカらしい』といって、相手を軽んじるような態度に出れば、その人は凡庸《ぼんよう》な上司よりも、さらに劣った人間だと言うべきだろう」

それを読んで、私は猛烈に恥ずかしくなりました。

自分を優秀だと勘違いをし、上司を批判ばかりしている自分こそ、上司以上に人間性

に欠けていることを思い知らされてしまったからです。

それ以来私は、相手の人柄や能力がどうであろうと、目上の方や年長者には礼儀正しく接することを心がけるようになりました。

すると、少しずつ目上の相手からも可愛がっていただくことが増えてきました。きちんとしているじゃないか。そう思われるようになってきたのです。

考えてみれば当たり前のことです。自分にむやみやたらと反発してくる人間よりは、自分に敬意を払ってくれる人間に好意を持つのは自然なことでしょう。

上司に反発してばかりだった頃には得られなかった「信頼」が、手に入るようになったのです。

社会に借りを返す方法　3

生きているうちに
結果が見えないことに努力すると、
心が豊かになる

花が咲くのを見られなくても、水やりをするか？

「経営の神様」と呼ばれた松下幸之助氏は、生前こんな言葉を残しています。

「志とは、自分が結果を見届けられないことに本気になれるかどうかである」


人はどうしても、結果をすぐに求めがちです。

自分のまいた種が成長し、花が咲くのを見たいから、人は土を耕し、水やりをするのだ。花が咲くのを見られないとわかっていたら、そんな努力をするなんて無駄じゃないか。


そう思う人もいるかもしれません。

しかし、それが浅はかな考えであることを、私はある人に教えられたのです。

その人は、第3章でも紹介した橋本博司さんです。冒頭の松下氏の言葉を教えてくれたのも彼でした。

橋本さんこそ、まさに「志」を持つ人だと言えるでしょう。

カンボジアに学校をつくる活動をしている橋本さんの理念は、「子どもたちの可能性を0%から1%にする」です。

彼は私にこう語りました。

「学校に行けず、読み書きもできない子どもが医師や教師になることはできません。今、あの子どもたちが夢を叶える可能性は限りなく0%に近い。私はそれを1%に変えたいのです」

橋本さんの言葉に心を打たれた私は、「自分にもできることはありませんか?」と問いかけました。

彼の答えはこうでした。

「まずはカンボジアに来てください。小倉さんの目でカンボジアを見てほしいのです」

こうして私は、現地へ行くことをその場で決めました。なんとか仕事のスケジュールを調整し、一週間の予定でカンボジアに渡ったのです。

結果を見届けられなくても、夢に向かって全力を尽くす

そこで目にしたカンボジアの子どもたちの現状に、私は衝撃を受けました。

子どもたちが多く暮らすスラム街は、とても人が暮らせる環境とは思えませんでした。周囲をゴミの山に囲まれ、そばには油で真っ黒に濁ったどぶ川が流れています。

その川の上に建つ粗末な掘っ建て小屋には、10人ほどの家族がひしめきあって暮らしていました。

親たちはゴミの山から使えそうな金属片や銅線を拾い集め、それを売ってわずかながらの収入を得ていました。しかし、大人数の家族を養うにはとても足りません。

子どもたちは靴どころか着る服もなく、男の子たちは全裸で、女の子たちも裸足で過ごしています。そのお腹は、栄養失調のために大きく膨れていました。

もちろんこの家に、子どもを学校に行かせる余裕などありません。

その光景を見ながら、橋本さんは私にこう語りました。

「この子たちが学校に通えるようになり、夢を叶えて学校の先生やお医者さんになったとしても、それは20年後や30年後のことかもしれません。

もしかしたら、私が生きているうちは、それを見届けることができないかもしれません。それでも私は、この夢に向かって全力を尽くしたいのです。それこそが松下幸之助さんが言っていた『志』だからです」

私は橋本さんが掲げる「志」に心を動かされてしまいました。


そもそも、カンボジアに学校をつくることは、橋本さんにとって何の得にもならないことです。

橋本さんがこの活動を始めたのは、20歳の頃、旅行でたまたま訪れたカンボジアでポルポト政権時代の惨状を知ったからでした。

「農業に学問は不要」という理由から学校はすべて廃止され、知識層は皆殺しにされたカンボジアでは、いまだに学校へ通えない子どもたちが数多く存在します。

子どもたちから「勉強を教えてほしい」とせがまれた橋本さんは、学びたくても学べない現状を何とかしたいと思い、この地に学校をつくろうと決意したのです。

しかし、カンボジアにつてがあるわけでもないし、学校をつくったことがあるわけでもありません。地元の政治家や土木業者とイチから交渉し、手探りでこの計画を進めるしかありませんでした。

資金もまったく足りず、結局最初につくった1校目は半分以上を自腹でまかなったのです。

見返りを求めない人だけが手にする幸せがある

多くの人は「なぜ、そこまで……」と思うでしょう。普通ならば、とてもできることではありません。得にならないどころか、明らかに損をしているほうが多いのですから。しかも橋本さんは、自分が生きているうちに、損をした分が返ってくるとは思っていません。彼は現世での見返りなど求めていないのです。

それでも、学校に通って勉強をしている子どもたちを見る橋本さんの目は、喜びや充実感にあふれていました。

「何十年後かに、この子たちの中から国を変えるようなヒーローが生まれるかもしれませんよ」

そう言って笑う彼の表情は、希望に満ちていたのです。

私はその時、**生きているうちに結果が見えないことに努力できる人は、他の人が手にできないような心の豊かさを得る**のだと確信しました。

世のため、人のため、社会のため。橋本さんがやっていることこそ、社会へのご恩返しです。

社会に借りを返し、誰かを喜ばせることで、自らも幸せになれるのだ。

カンボジアでの体験は、そのことを改めて教えてくれました。

社会に借りを返す方法 4

誰にでもできることを
毎日続けることは、
誰にでもできることではない

学校はつくれなくても、歯ブラシ1本を送ることはできる

カンボジアで学校をつくっている橋本博司さんの話をすると、こんなふうに言われることがあります。

「橋本さんの活動は本当に素晴らしいと思います。でも私は、彼のように人生のすべてを世のため、人のために捧げるような生き方はできません。こんな私が、少しでも借りを返していくためにはどうすればよいのでしょうか？」

私はこう考えます。

「それは私も同じこと。私だって橋本さんのような生き方はできません。しかし、橋本さんの志を応援したい、と思いました。だからこそ、私にできる範囲で橋本さんをお手伝いしています。皆さんも大きなことをやろうなどとは思わずに、積小為大。出来る範囲の小さなことから始めてみてはいかがでしょうか」

橋本さんの活動を知った私は、まずは「今の自分ができる範囲のこと」を考えました。

そして、私のメルマガやフェイスブックを読んでくれている人たちに橋本さんの活動を紹介し、呼びかけることにしたのです。

「橋本さんの活動を支えるために、力になってもらえませんか？」

すると、あっという間に70万円を超える募金が集まり、4校目の学校をつくる資金の目処が立ったのです。

また、学校へ通う子どもたちのために歯ブラシを集める活動もしました。

メルマガなどを通じて呼びかけた結果、現在までに500本以上の歯ブラシが集まり、衛生関係の企業からも300本が寄せられました。これで、すでに建設した3校の子どもたち全員に、歯ブラシを渡せるようになったのです。


橋本さんと同じ生き方はできなくても、三千円を寄付したり、歯ブラシ1本を送ったりすることならできる。


私はそれでいいと思うのです。

たとえ誰にでもできるような小さなことでも、社会へのご恩返しになるのなら、それだって充分に素晴らしいことではないか、と思うのです。

たった1人で始めた掃除が、やがて大きな輪に

私の好きな言葉に**「一燈照隅　万燈照国」**というものがあります。

これは比叡山延暦寺を開いた最澄の「一隅を照らす、これすなわち国宝なり」という言葉からきています。

ひとつの灯りは国の片隅をほんのりと照らすことしかできないが、それが一万の灯りになれば、国全体が明るく照らされる。だから一人ひとりが自分のできる範囲で役割を果たすことは、宝のように尊い行いなのだ。

最澄はそう教えているのです。

もしも、あなたがコンビニの募金箱に100円玉を入れるかどうか迷ったとしましょう。

「たったの100円なんて何の意味もないよ……」

多くの人は、そう自分に言い訳をしてその100円を自分の財布へと戻してしまいま

す。しかし、それこそが一隅を照らす小さな灯りです。国の宝です。

自分にできることをコツコツと続けることが社会へのご恩返しとなり、やがて世の中を大きく変える力になっていく。

自分の小ささや無力さを感じた時、私はこの言葉を思い出し、いつも励まされているのです。


ある日、新聞を読んでいると、こんな記事が目に入りました。

「美化運動の輪広がる。一人で始めたゴミ拾い　協力者260人に」

それはこんな内容でした。

千葉の浦安市に住む会社役員の男性が、近所の人からこんな話を耳にします。

それは「子どもたちが旧江戸川の護岸に写生に出かけたものの、ペットボトルや流木などのゴミだらけで、風景を描ける状態ではなかった」というものでした。

その男性は、何とかならないかと行政に相談しましたが、担当者の腰は重く、具体的に動いてはくれません。

そこで男性は、一人でゴミ拾いを始めたのです。なんとその量は、一日の清掃で90リットルのゴミ袋で200袋分にもなったとか。

その後もゴミを拾い続けていると、手伝ってくれる人が一人、二人と現れました。そして活動の輪がクチコミで広がり、やがて協力者は260人にまで増えたそうです。

男性は現在、美化運動に取り組むボランティアグループを立ち上げて、メンバーたちと定期的に清掃活動を続けているそうです。

読み終えた時、私は「これぞまさに一燈照隅だ」と思いました。

たった一人が「自分にできること」を始めなかったら、川岸は今でも汚れたままだったでしょう。

誰かが踏み出した小さな一歩が、やがて大きなうねりとなって社会を変えていく。このエピソードは、そのことを教えてくれています。

あなたの小さな行いが、世の中を変える力になる

私が参加させていただいている鍵山秀三郎さんの清掃ボランティアも、「一燈照隅」

になることでしょう。

時々、私はこんなことを言われます。

「そんなことをしても、きれいになるのは新宿や渋谷の一部だけでしょう？　しかも翌日にはまた大量のゴミが捨てられて街が汚れるのだから、月に一度掃除をするくらいじゃ、何の意味もないんじゃないですか」

以前の私もそう考えていました。一人でできることなどたかがしれている。自分はもっと大きなことをして、世の中に足跡を残したいのだ。

しかし、今の私は胸を張ってこう答えます。

「私のような者が100名の参加者のうちの一人として小さな活動を続ける。それが私の読者の方々に伝わり、多くの人が活動に加わってくれている。そして彼らの友人が、また触発されて新たに参加する。その輪がさらに……。

こんな風にして、小さな動きが大きな輪になっていく、足元に落ちているゴミを拾うことが、世界を変えることにつながる。私はそう信じています。だから、私は小さなことかもしれませんが、足元のゴミを拾い続けます」

このボランティア活動を始めた鍵山秀三郎さんも、最初はたった一人で掃除を始められたそうです。

それがいまや47都道府県に支部を持ち、さらには台湾や中国、ブラジル、ニューヨークなど海外へも広がっています。

ゴミを拾うことが、確実に世界を変えている証ではないでしょうか。

足元に落ちているゴミを拾うことは、誰にでもできます。

しかし、**誰にでもできることを毎日続けることは、誰にでもできることではありません。** 小さくコツコツと社会にご恩を返し続けることは、とても偉大なことであり、自分自身に大きく作用する。借りを返し、恩返しをすることにつながっていくのです。

批判されればいい。それも恩返しになる

「ゴミなんて拾っていないじゃないか」

「小倉さん！」

信号待ちをしていると、後ろから私を呼ぶ声が聞こえました。振り返ると、以前一緒のプロジェクトで仕事をしたことがある男性でした。

「お久しぶりです」と挨拶を交わして軽く立ち話をしていると、その男性はちょっと皮肉るような口調でこう言いました。

「ところで小倉さん、さっき後ろで見ていたら、道路に落ちていたゴミを拾いませんでしたね。小倉さんがいろいろなところで掃除の話をしているから、素晴らしい心がけだなと思っていたんだけど、ちょっとがっかりしたなあ」

ああ、またか……。私は心の中がざわつくのを感じました。

私は常日頃、ボランティア以外の時も、気がつけばゴミを拾うようにしています。しかし、仕事先の所用で急いでいた私の目には、そのゴミが入らなかったのです。いや、それだけではありません。私はあまりにも大きなゴミや、手で拾うのをためらわれるようなゴミなども、拾わずにそのままにしていくことがあります。

なぜならば、できることから始め、できる範囲だけで続けることを大切にしているからです。あまりに無理をして長続きしないよりは、できる範囲で長く続けたい。そう思っているため、私は仕事優先のスタンスで無理なくゴミ拾いをしているのです。


しかし、私はそのような話を口に出しかけてから、ぐっと飲み込みました。

そんなことを言っても、相手には言い訳にしか聞こえません。ここは甘んじて批判を受ければいいのだ。

そう自分に言い聞かせたのです。


私は、このような批判を受けることはしょっちゅうあります。

「本には偉そうなことが書いてあるけれど、全然できていないじゃないか」

「『人間塾』なんてたいそうな名前をつけているが、あなたはそれほど人間ができているのか？」

的を射たご指摘から理不尽な言いがかりまで、あらゆる批判が私の耳に入ります。

当然、私もつらい気持ちになるし、嫌になることもあります。「未熟な自分が世間に向かってものを言うなんて、間違っているのかもしれない」と自分を責めたこともありました。

こんなに批判されるのならば、いっそのこと、ゴミ拾いなどの取り組みは誰にも言わずにこっそりやったほうがよほど気が軽い。そう何度も思ったものです。

「陽徳」を積むから、返せる借りがある

しかし、著書や講演を通じて多くの人に自分の考えを発信していくことを自分の使命と定めた以上は、批判があるのも当然のことなのだ。最近はそう腹をくくるようになりました。

それは「陰徳」と「陽徳」という考え方を知ったからです。

「陰徳」とは、陰でひっそりと善い行いをすること。「陽徳」はその行いをオープンにすることです。

淮南子など中国の古典には「陰徳陽報」という言葉があります。陰でこっそりと徳を積むと、その人の内面にあるエネルギーが高まっていきます。そして良い報いがある、といいます。おそらくは、陰徳を積むと、他人に言わなくても、「自分は正しいことをしている」「誰かの役に立てた」と実感し、自信や心の余裕につながるから良い報いがあるのでしょう。

反対に「陽徳」を積むと、その人のエネルギーは奪われるといいます。自分は善い行いをしていると公言すれば、妬みやひがみを受けます。「いい格好をするな」「自慢しているだけじゃないか」そうやって批判をされれば、誰だってエネルギーを奪われてしまいます。だから本当は、ひっそりと陰徳を積むほうが、自分も気持ちがいいし、楽しく生きられるでしょう。

でも、本当にそれだけでいいのでしょうか？

「陰徳」を積んで溜めたエネルギーを使い、今度は「陽徳」を行う。その繰り返しを行った人のみが到達できるのが、「宝徳」という境地なのだと、中国古典を研究している杉山巌海氏は言っています。

確かに最初はコツコツと「陰徳」を積むことが必要です。

だが、溜め込んだエネルギーを自分のために消費するのではなく、自分の行いをオープンにして、多くの人に気づきを与えることも、誰かがやらねばいけないことではないだろうか。そして、その役割こそが私の使命ではないか。私はそう考えるようになりました。


実際に、私の著書やメルマガを読んで、清掃ボランティアに参加してくれる人は少なくありません。

「小倉さんが掃除をしているのを知って、私もやってみたいと思ったんです」

そう言ってもらえると私も嬉しいし、ボランティアの輪が広がることは大きな喜びになります。

きっとこれは、「陰徳」を積んでいるだけでは果たせなかった、社会へのご恩返しなのです。

あえて「陽徳」を積むから、返せる借りがある。それがわかってからは、自分が批判されても気にしないようになりました。

誰かに嫌われたら、またひとつ「徳」を積んだと思えばいい。そう考えるようになったのです。

天を相手にして、人を相手にしない

西郷隆盛の『南洲翁遺訓』に、次のような一節があります。

「人を相手にせず、天を相手にせよ。天を相手にして己を尽くし、人をとがめず、我が誠の足らざるを尋ぬべし」

人を相手にしないで、お天道様に恥ずかしくないことだけをしなさい。人のせいにせず、自分がまだやり尽くしていないことを精一杯やっていれば、人のことは気にならなくなるはずだ。

西郷隆盛は、そう教えてくれています。

とはいえ、人を相手にしないというのは、なかなか難しいものです。気にするなと言われても、人が自分の噂をしていれば、やっぱり気になってしまうのが人間というものでしょう。

だから私も最初のうちは苦しんだのですが、そのうちふと気づきました。

西郷さんの言葉は、実は順番が逆なのではないか。

「人を相手にせず、天を相手にせよ」ではなく、「天を相手にして、人を相手にするな」と解釈すべきではないだろうか。

他人の声がどうしても気になるなら、まずは粛々と「お天道様に恥ずかしくないこと」をやり続ければいい。小さなことでもいいから、「自分は正しいことをしている」と思えることを積み重ねれば、それがやがて「自分は間違っていない」という自信につながる。

そうすれば、自然と人のことは気にならなくなるのではないかと思い至ったのです。

そして、その考えは間違ってはいませんでした。

清掃活動に参加する。電車で年配者に席を譲る。お世話になった人に手書きのお礼状を出す。志ある活動をしている人に、わずかながらでも募金をする。

小さな善行を日々繰り返しているうちに、私の中に「天」が満ちてきたのでしょう。以前ほど他人の批判や中傷も気にならなくなってきたのです。

他人の風評が気になるうちは、「自分が人として正しいことをしている」という信念が足りないということではないでしょうか。

「お天道様に恥ずかしくないことをしている」という自信があれば、どんな誹謗中傷を受けても、自分の気持ちは揺るがなくなります。

最後にもうひとつ、私の好きな言葉を引用しましょう。ケント・M・キースの「逆説の10カ条」にある言葉です。

「世界のために最善を尽くしても、その見返りにひどい仕打ちを受けるかもしれない。それでもなお、世界のために最善を尽くしなさい」

私は苦しくなる度に、この言葉を思い出します。そうすると、少し元気になって、また陽徳を積むエネルギーが湧いてくるのです。

偶然でいい。
出会いの縁で
ご恩返しをすればいい

なぜカンボジアの子どもを助けるのか

「……そんなわけで、私も微力ながら、カンボジアに学校をつくる活動を応援しているのです」

月に一度の「人間塾」。その場で私は、橋本博司さんの活動について塾生に話をしていました。もともと橋本さんも、「人間塾」に来てくれた塾生の一人でした。それもあって、今回の塾生たちにも活動を紹介することにしたのです。

私が話し終えた時、一人の塾生が手を挙げました。まだ20代の若い会社員です。

彼は私にこう問いかけました。

「なぜカンボジアなのですか？　日本国内にも困っている人はたくさんいます。もっと身近なところに手を差し伸べるべきではないのでしょうか」

その真剣なまなざしを見て、彼が嫌みや批判ではなく、純粋な疑問としてそれを問いかけてきたことがわかりました。

これは真摯《しんし》に答えなければ……。私は少しの間目をつぶり、どう答えたものかと考えました。そしてゆっくりと目を開けて、こう言いました。

「今の問いに、私はこう答えるしかありません。**『それがご縁というものだから』**と」

さらに、こう続けました。

「確かに、あなたが言うこともわからなくはありません。日本にも、そして世界にも、困っている人が大勢いるのに、なぜカンボジアの子どもたちを助けるのか。私がやるべきことは、他にもあるのかもしれません。

しかし、この世に無数にある『やるべきこと』にどうやって優先順位をつけるのでしょうか。そうやって合理性や正当性を論じ始めると、結局は何もできなくなってしまいます」

そして、こう締めくくりました。

「ふとした偶然の出会いから、そのご縁を大事にして、目の前の人を精一杯応援する。私はそれでいいと思っています」

私の考えはきちんと伝わっただろうか。それぞれに思案顔になった塾生たちを見ながら、「それでも今の私にはこう答えるしかないのだ」と改めて思ったのでした。

これだと思ったら「ノータイムポチ」

英語の会話でよく使われるフレーズに「Better than nothing」があります。「何もやらないよりはましだろ」そんなニュアンスで使われるものです。

私の考えも、「Better than nothing」に近いのかもしれません。

アジアの子どもを助けるのか、アフリカの子どもを助けるのか、それとも日本の子どもを助けるのか。

合理的に考えてどれがベストなのかを考え続けて、結論が出ないまま何もできずにいるなら、たまたま目についた募金箱に100円を入れるほうがよっぽどいいはずです。

だから私は、心のアンテナに引っかかることがあったら、即行動に移すことにしています。

いいと思ったことはすぐやる。これを私は**「ノータイムポチ」**と呼んでいます。

「この活動は気になる」と思ったら、すぐにポチッとボタンを押して参加を申し込む。

「この人を応援したい」と感じたら、すぐにメールの送信ボタンをポチッと押して連絡をとる。

即断即決で迷わず動く「ノータイムポチ」が、今の私のモットーです。

大事なのは、常にご恩返しをするつもりで、心のアンテナを高く掲げていること。そして「これもご縁だ」と思ったら、迷わず動くことです。

偶然の出会いを、素直に受け入れればいい。それが少しでも多く社会に借りを返すために必要なことではないでしょうか。

ボランティアや募金といった、わかりやすい形の社会貢献にこだわることもありません。

「町内会の行事で人手が足りないらしいんだけど」

「近所のおばあちゃんが、力仕事を手伝ってくれる人を探しているんだって」

「今度の歓送迎会、誰か幹事を引き受けてくれない？」

助けや応援を求める声は、実はあらゆるところから耳に入ってくるものです。それを「ご縁」と捉え、自ら進んで引き受けることができるか。

それは、あなたの心のアンテナの感度次第です。

第5章

心のアンテナの感度を上げる6つの方法

メンター、師を持つ

メンターがいないのは、誰のせい？

あなたには「メンター」や「師匠」と呼べる人がいるでしょうか？

私も40歳を過ぎるまでは、そういう相手がいませんでした。

「小倉さんのメンターは誰ですか」

そう聞かれるたびに「そういう人はいません」と答える自分がさびしく、「やっぱり自分は人間関係が希薄なのだろうか」と感じていました。

そして、「早く師匠と呼べるような立派な人に出会いたいなあ」と考えていたのです。

しかし、それは私の大きな勘違いでした。

なぜなら、**私はすでにたくさんの師匠に出会っていたからです。ただ、それに気がつかなかった。**すぐそばにいる青い鳥が目に入っていなかったのです。

心のアンテナの感度を上げるために、メンターや師を持つのはとても良い方法です。

なぜならば、師匠の言動を見て、それをお手本に学ぶことができるからです。

しかし、もっと大きな理由は、師匠を持つこと自体が心のアンテナを磨いてくれるからだということです。

これがいったいどういう意味か、おわかりでしょうか。

私がメンターとして慕っている方たちは、とても人間的な人ばかりです。非常に失礼な言い方をすれば、**「完全ではなく欠点もある人たち」**だと思います。

例えば、私に「人間塾」を開くきっかけを与えてくれた尊敬する師の古川裕倫さん。お酒の席で私に「小倉さん、ぜひ塾をやりなさい」とすすめてくれたエピソードを紹介しましたが、実はあの話にはオチがあります。

翌朝、「昨日はありがとうございました。おかげで塾を開く決意ができました」とお礼を伝えた私に、古川さんはこうおっしゃったのです。

「えっ、俺そんなこと言ったっけ？」

……お酒をたくさん召し上がっていた古川さんは、昨晩の会話の内容を忘れてしまっていたのでした。

しかし、私はそんな古川さんをチャーミングで人間的な魅力にあふれた人だと思うのです。

アドラー心理学を教わっている岩井俊憲先生も、とてもおちゃめな人です。セミナーでも、受講生をちょっとからかってみたり、辛口のツッコミをしたりと、先生の発言はなかなかに自由奔放です。

そして、少し言い過ぎたような発言をした後は、ペロッと舌を出して「あっ、言っちゃった！」という表情をされる。60歳を過ぎた人生の先輩に使う表現として適切ではないかもしれませんが、そんな先生を見ると、私は「可愛らしい人だなあ」と思うのです。

完全な人が師になるのではない

以前の私は、メンターや師匠になるような人は、威厳があって崇高な人物であるべきだと思っていました。つまり、完全な人物像を求めていたのです。

しかし、こうして魅力的な先輩がたと出会い、その人たちが自分を応援してくれたり、励ましてくださるなかで、私は自然と「ありがとうございます」と頭が下がるようになってきました。そして気づいたのです。

自分だって不完全な人間じゃないか。こうしてたくさんの人に迷惑をかけて、助けられている未熟者だ。なのに、なぜ他人には完全さを求めるんだ？

そう思った瞬間、**平気で「師匠がいない」などと言っていた自分が、いかに傲慢で失礼な人間だったかに気づきました。**そして、「自分はこの方たちから学ぶことがいくらでもあるはずだ。いや、すでにこの方たちは自分を導いてくださっているじゃないか」と気づいたのです。

探していた青い鳥が、実はすぐそばにいたことを知った瞬間でした。

これまで失礼を働いてきた多くの人たちに、私は「ごめんなさい」と伝えたい気持ちでいっぱいになりました。


心のアンテナの感度は、周囲の人に対して、どれくらい「ごめんなさい」と「ありがとう」の気持ちを持てるかで決まります。

私は師に対する考えがガラっと変わったところで、ごく自然に次のような感情がわきあがってきました。

「今までこの人は私の師になるほど立派ではない、などと偉そうな気持ちを持っていて、本当にごめんなさい」

「これまで私のような生意気な弟子に対して、辛抱強く応援し、励ましてくれて、本当にありがとうございました」

自分には、すでにたくさんの師匠がいることを知った時、私は自然と頭が下がっていきました。その時に、おそらく私のアンテナの感度も上がったことでしょう。私が「師匠を持つこと自体が心のアンテナを磨いてくれる」と言ったのは、そういう意味なのです。

自分や他人が不完全であることを認め、それを許す。そして、その人の良いところに目を向けて、相手を尊敬する。メンターや師匠を持つとは、そういうことです。

もしあなたにメンターがいないとしたら、それは周囲の人の問題ではありません。あなた自身の心アンテナの感度に問題があるのではないでしょうか。

私くらいの年齢になると、人に注意をされたり、諭されたりすることが少なくなります。周囲には自分よりも年下の人間が多くなりますし、会社や組織の中でも肩書きや地位が上がってくるので、他の人は言いたいことがあってもなかなか言えなくなるのでしょう。

すると、私が何か間違ったことをしても、気づくことが少なくなります。このままでは、私は裸の王様になってしまう危険性もあります。

「敬」と「恥」を知らなければ成長できない

メンターの振る舞いを見て、私が学ぶことも多々あります。

経営コンサルタントの先輩である坂上仁志さんも、私にたくさんのことを教えてくださるメンターの一人です。

坂上さんとは定期的にお会いしていますが、ある時、約束した日にたまたま大雪が降ったことがありました。電車は遅れ、タクシーもなかなかつかまらず、私は約束の時間に遅刻してしまったのです。


待ち合わせの店に入ると、すでに坂上さんは来ていました。

「お待たせして申し訳ありません。大雪なのに、よく時間通りに来られましたね」

そう言うと、坂上さんはこう答えました。

「東京では、雪が降ると必ず交通機関が乱れますからね。ですから雪が降るかもしれない、という日は、電車がまったく動かないことを前提にして、二時間以上余裕を持って行動することにしているんです」

こともなげに話す坂上さんを前に、私は「やってしまった……」と猛省しました。私は**「こんな大雪だから、お互いに少しくらい遅刻しても仕方ないだろう」と考えていた**のです。

しかし、坂上さんは「どんな場合でも、約束はきちんと守る」というポリシーを持ち、実践しておられた。後輩の私が目上の方との約束を破り、相手をお待たせするとは、なんと失礼なことをしたのだろうか。

私は心底自分を恥ずかしく思いながら、「これからは私も坂上さんのように、必ず約束を守る人間になろう」と心に誓ったのです。

思想家の安岡正篤先生は、人が成長するには、「敬」と「恥」を知らなくてはいけない、と説いています。**人は自分よりも大きな存在に出会った時、「敬」の感情が沸き起こります。そして同時に「恥」を知るのです。**

自分と同じレベルの人としかつきあわない人は、永遠に「恥」の感覚を持つことができません。そして、あたかも自分がレベルの高い人間のように勘違いをして、尊大になっていくのです。

しかし「敬」の感情を抱けるような相手と出会った時、人は初めて自分のレベルの低さに気づきます。そして謙虚さが生まれるのです。メンターや師を持てば、「敬」と「恥」を日々実感するようになります。そして、あなたの心のアンテナも磨かれていくでしょう。

裸の王様にならないためには、師を持つことが必要なのです。

心のアンテナを磨く方法 2

「優しい人」の「言動」を観察してみる

優しくするのは「役割」ではない

「あれっ、誰かファイルを忘れてるよ」

会議が終わって、部屋を出ようとした私は、机の上にある忘れ物に気づきました。

私の声に何人かが振り向きましたが、「自分じゃないよ」と軽く首を振って出ていきます。おそらく持ち主は、すでに自分のデスクへ戻ってしまったのでしょう。

「まあ、いいか。忘れたことに気づいたら、取りにくるだろう」

そう思って立ち去ろうとすると、後輩女性の長原さん（仮名）が寄ってきて、「忘れものですか？」と聞いてきました。

「そうみたいだね。でも、置いておけば取りにくるよ」

しかし長原さんはファイルを手に取り、中に記された名前を確認しました。

「山田さんのファイルみたいですね。私、デスクに届けておきます」

そうにっこり笑うと、長原さんはファイルを抱えて会議室を出ていきました。

へえー、優しい人なんだな。自分とは全然違うタイプだ。その時の私は、ただそう思ったただけでした。

これは私がまだ会社員だった頃の思い出です。

20代の頃の私は、「優しい」というのは、単なる性格の問題だと考えていました。長原さんは優しい人だから、ファイルを届けた。それは彼女の性格であり、好きでやっていることなのだから、自分が同じことをする必要はない。

そう思っていたのです。

もっと言えば、その優しさを「役割」と解釈していたように思います。

ファイルを届けるのは、優しい人の役割なのだ。自分にはもっと違う役割があるだろうから、ファイルは届けなくていい。勝手にそう決めつけていたのです。

しかし、少しずつ心のアンテナを磨き始めた今、長原さんのような人にこそ、学ぶべきことが山ほどあったことに気づきます。

思い返すと、彼女はいつも、会議終了後に皆がテーブルに置きっぱなしにしたままのペットボトルを片づけたり、椅子をきちんと元の位置に並べ直したりしていました。

誰かと話をしている時も、相手の目を見ながら、うんうんとうなずいて耳を傾け、人の言葉をさえぎるようなことは一切しませんでした。それどころか、自分が話している時に横から割り込まれても、嫌な顔ひとつしなかったのです。いつも私はそれを見ながら、「自分だったら、すぐ言い返してやるのに」と思っていました。

「やっぱり、長原さんと自分は役割が違うんだな。自分なら話を聞くだけじゃなくて、筋道の通った話をして、相手を納得させてやるのに」

そんなことさえ考えていたのです。

しかし今ならわかります。それは役割の違いなんかではなかったのです。人としての格が違った。永原さんの方が人格が優れていて、私の人格が低かった。ただそれだけのことだったのです。

彼女が人の話を黙って聞いていたのは、自分に話すことがなかったからではありません。自分の意見はひとまず置いて、まずは相手の話をきちんと聞く。それが相手を尊重することであり、礼儀だということを、彼女は理解し実践していたのでしょう。

「自分の能力を見せつけてやろう」などと上から目線でいた私と比べれば、どちらが高い人格を持っていたか、説明しなくてもわかるはずです。

偉人の伝記を読む

偉人の教えに触れ、まだ見ぬ世界を知る

あなたは最近、「伝記」を読みましたか？

「伝記」というと、子どもの頃に読むものというイメージを持っている人も多いかもしれません。しかし、私は大人こそ伝記を読むべきだと思っています。

後世に語り継がれるほどの偉人は、人間のレベルとして特上級と言えます。私たちがそんな人に出会える機会は、一生のうちに一度あるかないかというところでしょう。

しかし、本の中なら、そんな特上級の人たちにたくさん出会えます。偉人たちの教えに触れることで、自分がまだ見ぬ世界があることに気づくのです。

私がおすすめする**伝記の優れたダイジェスト版は、内村鑑三の『代表的日本人』です。**

この本では、西郷隆盛、上杉鷹山、二宮尊徳、中江藤樹、日蓮上人の5人を取り上げて、彼らにまつわる素晴らしいエピソードを紹介しています。

例えば、**西郷隆盛**にはこんな逸話があります。

政財界の重鎮が集まる晩餐会から帰ろうとすると、自分が履いてきた下駄が見つかりません。わざわざ下足番を呼んで手間をかけるのが嫌だった西郷は、なんと裸足で歩いて帰ろうとしました。

結局、裸足で歩く姿を不審に思った門番に止められ、押し問答をしていたところ、偶然通りかかった岩倉具視の馬車に乗せてもらい、ようやく帰宅することができたそうです。

また、西郷は友人宅を訪ねる時も、相手を呼び出さず、その家の人がたまたま通りかかるまで、家の前をぶらぶらしていたという話もあります。

友人や下足番に対しても、「自分のために手間をかけたくない」という大きな思いやりを持っていたことを知って、私はうなりました。以前の私は「他人に迷惑をかけたくない」と思っていたわけですが、そのレベルがいかに低かったかを思い知ったからです。

普通の人が考える「迷惑をかけない」とは、「仕事でトラブルを起こさない」「借金をつくらない」といった程度のことでしょう。

でも西郷は、下足番に下駄を探してもらうことさえ「迷惑」と考えました。本来、それが下足番の仕事なのですから、遠慮なく探してもらえばいいと思うのが普通です。

しかし西郷隆盛は、やはり普通の人ではありませんでした。そこまで他人を深く思いやれるものかと、私はただ感動するばかりでした。

正直であることの大切さを説いた中江藤樹

陽明学者であり、「近江聖人」とあがめられた**中江藤樹**も、私が尊敬する人物です。

彼は伊予国（愛媛県）の加藤家に仕える武士でしたが、故郷に残した母のために22歳で近江（滋賀県）に戻り、一生をそこで過ごしました。

『代表的日本人』では、岡山藩主に仕える熊沢蕃山が、中江藤樹に出会った時のエピソードが紹介されています。

熊沢は「師として仰ぐべき聖人を探してきなさい」という主君の命を受け、旅に出ます。

ある旅館に泊まった時、隣室の会話が熊沢の耳に聞こえてきました。そのうち一人は武士のようで、こんなことを語っていたそうです。

この村へ来る際に馬に乗った武士は、主君から預けられた大金を馬の鞍に結びつけました。しかし旅館にたどり着くと、彼はその金のことをうっかり忘れて、馬と馬子を返してしまったのです。

金がないことに気づいた武士は慌てふためきましたが、馬子の名前も住んでいるところも知らないので、金を探しようがありません。ここは切腹して主君にわびるしかないと覚悟した時、戸を叩く音がしました。

戸を開けると、なんと馬子が金を持って立っていたのです。

金を返しにきたという馬子の言葉に感激し、武士はお礼として金の4分の1を受け取ってほしいと頼みました。

しかし馬子は、「そんな金はもらえない」と言うばかり。それでは気が済まないと武士が粘ると、馬子は「では、ここへ来るためにはきつぶした草履一足の代金だけいただきます」と言って、ようやくわずかな金を受け取ってくれました。

「こんなに正直な人物がいるとは」そう褒めた武士に、馬子はこう言いました。

「私の村にいる中江藤樹という先生が、常に正直であるようにと、私たちに教えてくださっているのです。だから私は、その教えに従ったまでです」

その話を聞いた熊沢蕃山は、「これこそ私が探し求めていた聖人だ」と直感しました。

そして翌朝、中江藤樹を訪ね、頼み込んで弟子にしてもらったのです。

のちに熊沢は岡山藩の行政にたずさわる役人となり、地元民のためになる改革をいくつも行いました。中江藤樹の教えが、彼を立派な人物へと成長させたのです。

自分がツバメやスズメであることに気づく

「燕雀（えんじゃく）いずくんぞ鴻鵠（こうこく）の志を知らんや」という言葉があります。

ツバメやスズメのような小さな鳥には、オオトリやコウノトリのような大きな鳥が志すことは理解できない。

要するに、**「器の小さい人間には、器の大きい人間の考えることなど想像もできな**

い」ということです。

「下足番に下駄を探させるのは当然だ」と考える人間には、「下駄がないなら、自分が裸足で帰ればいい」という人の考えなど、到底理解できないでしょう。

しかし、西郷隆盛の振る舞いを知れば、「人はこれほど高い志や人間性を持つことができるのか」と気づくことができます。

あなたもぜひ伝記を読んで、オオトリやコウノトリの考えに触れてください。

自分がツバメやスズメであることに気づく所から、人間の成長は始まるのですから。

心のアンテナを磨く方法 4

責任あるポジションを経験する

リーダーだから信頼されるわけではない

私が初めて管理職になったのは、30歳の時でした。リクルートのコンサルティング部門の課長に早いタイミングで抜擢されたのです。

そして結果から言えば、**私の管理職デビューは、惨憺《さんたん》たる結果に終わりました。**

私は自分が優秀だという自信があったので、部下たちにも自分のやり方を押し付けました。自分は正しいことを言っているし、理屈も通っている。だからあなたたちも、私に従いなさい。私の振る舞いは、暗にそう言っていたようなものです。

しかし、部下たちは私の思う通りには動きませんでした。それどころか、「小倉さんのやり方は強引すぎる」「何でも言う通りになると思っているのか」といった批判が私の耳に入ってきました。

どうして皆、わかってくれないのか。私は落ち込み苦しみました。私がうつ病になってしまったのは、こうした経緯があってのことです。

しかし今なら、部下たちが私に従わなかったのも当然だと納得できます。

「由らしむべし、知らしむべからず」

これは孔子の『論語』にある言葉です。

「人を理屈で説得するのは難しい。まずは自分が信頼される人間になりなさい」

また孔子の教えを曾子がまとめたと言われる「大学」には「修己治人（しゅうこちじん）」という儒教の根本思想が書かれています。これは「己を修養して人格を高めなさい。それができて初めて人を治める（統治する）ことができるのです」という教えです。

東洋ではなく西洋に視点を移しても、同じような教えはたくさんあります。社会心理学者のE・P・ホランダーが提唱する**「信頼蓄積理論」**というリーダーシップ論も、言わんとすることは同じです。

「メンバーとの間に信頼が蓄積されなければ、リーダーシップを発揮することはできない」というのが、この理論の主旨です。

「この人は信頼できる」と思うから、相手が言うことにも耳を傾けようとするし、納得もできる。逆に、信頼できない相手が言うことは、どんなに筋道が通っていたとしても、

「そんな話は聞きたくない」と思う。人間とは、そういう生き物なのです。

立場が人を学ばせる

リーダーになれば、必然的に人から信頼されるよう行動を改めなくてはなりません。これは私の経験からも言えることです。**リーダーとして部下から受け容れられるリーダーになるためには、心のアンテナの感度を上げる必要があります。ですから、あなたもぜひ、責任あるポジションを進んで引き受けていただきたい**と思います。

これは、会社の役職に就くとか、仕事でチームリーダーを引き受けるといったことに限りません。若手の人なら、飲み会や社員旅行の幹事を務めることも、「責任あるポジション」を果たすことになります。

もちろん、仕事以外の場面でも構いません。

マンションの管理組合や町内会の役職を引き受ける。子どものPTAの役員に立候補する。それも立派な「責任あるポジション」です。むしろ、職場のように利害関係や取引関係が絡《から》まない分、こうした私的な集団でリーダーシップをとるほうが難易度は高いかもしれません。

私の友人で、子どもの学校のＰＴＡ役員を引き受けた人がいますが、仕事で大きなプロジェクトのリーダーを何度も経験している彼でさえ、その責務を果たすことには相当苦労したようです。

「自分の子どものことだから、全員が一歩も譲ろうとしないんだよね。好き勝手に意見を言うばかりで、少しも歩み寄ろうとしないんだよ……」

そうため息をつく彼を見て、さぞ胃の痛い思いをしただろうと思ったものです。


このように、責任者の立場になれば、人をまとめることの大変さが身に染みてわかります。初めて管理職を任された私のように、つらい思いをしたり、傷つくこともあるでしょう。

しかし、**痛みを経験するからこそ、「ありがとう」と「ごめんなさい」の大切さに改めて気づくことができる**のです。大変な状況の中だからこそ、誰かが少しでも自分を助けてくれたり、協力してくれれば、「ありがとう」と感謝をしたくなります。

反発されたり、批判された時も、素直に「ごめんなさい」と頭を下げれば、相手も振り上げたこぶしを降ろすしかなくなります。

そうやって「ありがとう」「ごめんなさい」を常日頃から言える人は、だんだんと周囲に信頼されるようになります。

「こんなささいなことでも、感謝したり、気を使ったりしてくれるんだ」そう思うと、「この人の言うことも、ちょっとは聞いてみようかな」と考えるものです。信頼とは、そうやって地道に勝ち取っていくしかないのだろうと思います。

再び、ケント・M・キースの「逆説の10カ条」から、一文を引用しましょう。

「人が本当に助けを必要としていても、実際に助けの手を差し伸べると攻撃されるかもしれない。それでもなお、人を助けなさい」

自分がよかれと思ってやったことが、周囲の人から反発をくらったとしても、そこで相手を変えようと思ってはいけません。他人を無理に変えようとするのではなく、反発や非難も受け入れて、ただ坦々と自分の責務を果たすこと。そうすれば、あなたの心のアンテナは着実に磨かれていくはずです。

心のアンテナを磨く方法 5

欲を否定せず、追求してみる

自分のことだけ考えて生きてみればいい

ここまで私は、心のアンテナを磨く大切さと、その方法についてお話してきました。

それでも、こう考える人はいるかもしれません。

「人間としてのレベルを高めることは、確かに素晴らしいと思う。しかし、そんなの結局はきれいごとじゃないですか？」

そう考える人がいるのも、もっともです。なぜなら、ほんの数年前まで、私自身がそう考えていたからです。

だから、私はこうアドバイスします。

「だったら、自分の私利私欲をとことん追求してみてください。世のため、人のためなんて考えず、自分のことだけ考えて暮らしてください」

欲を否定せず、追求することで、初めてわかることがある。それも私が自分の体験から導き出した、ひとつの答えなのです。

20代の頃の私は、それこそ自分のことしか考えない人間でした。

「営業成績でトップになりたい」「会議で自分の意見を通したい」「チームリーダーを任されたい」……。

自分の我を通し、他人を気遣うこともなく、ただただ突っ走っていたのです。

しかし、自分の欲を追求すればするほど、うまくいかないことが増えていきました。仕事で成果を上げたはずなのに、顧客との取引が続かない。人を紹介してほしいと頼んだ相手に、遠回しに断られる。チームのメンバーたちが、自分のやり方に異議を唱える。そんなことが増えていったのです。

それもそのはずです。**人間が一人でできることなど限られています。ビジネスを続けるには、多くの人に応援していただかなくてはいけません。**

しかし、私利私欲ばかりを追求している人間を、誰が応援したいと思うでしょうか。一度仕事をすれば、そのことを見抜かれるし、相手から「こんな人とはつきあいたくない」と思われてしまうのも当然です。

しかし、当時の私にはそれがわかりませんでした。

「なぜだ？　どうしてなんだ？」。私は、原因もわからないまま、思い切り壁にぶち当たっていたのでした。

青虫の時代がなければ、蝶にはなれない

しかし、壁にぶつかってみて初めてわかることもあります。いや、ぶつからないとわからないことのほうが多いかもしれません。だからこそ、私は若い人たちに言いたいのです。

「自分の欲を、とことんむさぼり食ってみればいい」と。

私はこの考えを、「青虫理論」と呼んでいます。

青虫は人に迷惑をかけるだけの存在です。お腹がすいたといっては好き勝手に葉っぱを食べ、植物を枯らしてしまいます。見た目も醜い姿です。

しかし、青虫からさなぎの時期を経て蝶に変身した時、美しい姿に生まれ変わります。

優雅な姿で人々の目を楽しませます。それだけではありません。蝶は花から花へと飛び回って、受粉のお手伝いもするように生まれ変わるのです。

美しい上に、人様のお役にも立てる。こんな人生を送れたら最高でしょう。

しかし、**最初から蝶の姿で生まれて来ることはありません。必ず最初は醜くわがままな青虫の姿で生まれてくる**のです。

だから若い頃は、堂々と青虫の姿をさらけ出せばいい。他人のぶんまで葉っぱを食べ尽くして、「自分は同期で一番になる!」「上司を追い抜いて出世してやる!」と自分の欲を追求して、わがまま一杯に生きればいいのです。

私のセミナーや「人間塾」に来てくれる20代や30代の人たちを見ると、とても真面目で人を気遣う優しさを持っている人が多いことに感心します。

その反面、「成長するためには、ちゃんと青虫の時期を経験したほうがいいのにな」と心配にもなります。

成功している経営者の多くは、決して清廉潔白なタイプではありません。若い頃はさぞ豪快でやんちゃだったろうと思わせる人がほとんどです。

私は経営者の条件を「悪いことを知っているが、やらない人」だと考えています。決して「悪いことを知らない人」ではない。そこが重要なポイントです。

なぜ、「悪いことを知っている人」が経営者に向いているのでしょうか。

理由のひとつは、悪いことをしてしまう人の気持ちがわかるからです。だから効果的な予防策を考えることもできるし、万一トラブルを起こした時も、きちんと指導をすることができます。

青虫たちにきれいごとを言ったところで、聞く耳を持つはずがありません。そんな時に「私も若い頃に同じ失敗をしたから、よくわかるよ」と言えるリーダーは、部下を上手に軌道修正させることができます。

でも、何より大きな理由は、「悪いことをすることがいかに割に合わないか」を身をもって知っているということです。

私利私欲を追求していれば、かならず手痛いしっぺ返しを食う。悪いことをするのは、なんてバカバカしいのだ。

それを知っている人こそが、優秀な経営者になれるのです。

経営者たちは、悪いことを知らないのでも、我慢しているのでもありません。やろうと思えばいくらでも悪いことをできるのに、自分の意思でやらないと決めているのです。

蝶になるタイミングは人それぞれ

「小倉さん、本当に青虫人生を謳歌していいんですか？　蝶になる時が、ちゃんと誰にでもやって来るのですか？」

不安な目をした若者に、そう問われることがあります。そんな時、私はこう答えます。

「大丈夫。だってもうあなたは、こうして私のセミナーに来たり、著書を読んだりしているじゃないですか。すでに蝶になるよう頑張っているではありませんか」

一方で、30代や40代の人から、こう言われることもあります。

「小倉さんの本を読んで、胸にズキンときました。20代の頃に読んでいれば、もっとましな人生を送れたのにと残念でなりません」

そんな人には、私はこう返します。

「いやいや、20代の頃に読んでいたら、何も心に響かなかったと思いますよ。若い頃にもがき苦しんできた今のあなただからこそ、胸に刺さったのでしょう」

哲学者の森信三先生は、こんなことをおっしゃっています。

「人間は一生のうち逢うべき人には必ず逢える。しかも一瞬早すぎず、一瞬遅すぎない時に。しかし内に求める心なくば、縁は生ぜず」

これは人だけが対象ではない、と私は思っています。人でも本でも、「出会うべくして出会う」というベストタイミングがある。だから焦る必要もないし、後悔する必要もない。

青虫から蝶へ生まれ変わる瞬間は、必ずあなたにも訪れるはずです。

心のアンテナを磨く方法 *6*

どん底まで落ちてみる

悪いことはひと通りやってみた

「小倉さんって、本当に自分に厳しい方ですよね」

そんな言葉が聞こえて、私は顔を上げました。セミナーの終了後、受講生の一人が話しかけてきたのです。

その若い男性は、続けてこう言いました。

「掃除をしたり、毎朝神社に手を合わせたり。お話を聞いていると、まるで仙人みたいな生活を送っているんじゃないかと思えてきます。小倉さんは、きっとキャバクラなんて行ったことないんでしょうねえ」

それを聞いて、私は思わず吹き出しました。相手はきょとんとした顔をしています。

「ごめん、ごめんね。私はそんな潔白な人間じゃないんですよ。悪いことはひと通り人様よりも早い段階で経験して、その挙げ句に人生のどん底を見たことがあるから今があるのですよ。清廉潔白でなくて申しわけない」と。

その言葉は、決しておおげさなものではありません。

20代の青虫時代に私利私欲を追求したことはお話ししましたが、私は30代になっても、蝶へ変身する時はやって来ませんでした。

それどころか、私は葉っぱを食べ続けて、もっと醜い青虫になっていたのです。

私は30代でベンチャー企業の役員となり、そして自分の会社を起業して社長になりました。そして自分の会社の業績を上げることを最優先に考えて、がむしゃらに頑張っていました。今から思えば、当時はお客様も社員も、自分の目標を達成するためのツールとしか考えていないようなところがあったと思います。

ビジネスを拡大するために、母の大切な老後資金を無理矢理貸してもらったこともあります。

私が幼い頃に離婚をし、女手ひとつで育ててくれた母が、パート勤めをしながらコツコツ貯めたお金でした。それを自分の都合で奪い取ってしまったのです。

なんてひどい人間だ。我ながら、そうとしか言いようがありません。

事業の失敗、トラブル…。どん底が訪れた

こうして、やりたいことをやり尽くした先に待っていたのは、見事なまでのどん底でした。

母のお金を借りて始めた事業は、あっけなく失敗に終わりました。母が30年間かけて蓄えた1500万円を、一瞬にしてふいにしてしまったのです。

取引先と争いになり、弁護士を介してやりとりをしたこともあります。

社員に業績拡大の高い要望を押しつけ、結果的に創業メンバーのほぼ全員から辞表を出されたこともあります。

私は人生で初めて、逃げ場のない苦しみに直面していました。

逃げることもできず、酒や遊びでごまかすこともできず、人のせいにもできない。もうダメだ、自分の人生はおしまいだ……。八方ふさがりの中で、私はもがきにもがきました。

そして「これ以上はないだろう」というどん底まで落ちた時、私はようやく真剣に自

分と向き合うことを始めました。**「この状況を乗り越えるには、自分が変わるしかない」**初めて、そう思い始めたのです。

その時から、ようやく私は少しずつ、青虫を脱皮していきました。

心のアンテナの感度が上がるということは、人の痛みがわかるということです。

自分が痛い目に逢ったことがなければ、相手の痛みを本当に理解することができません。相手の痛みがわからなければ、人に優しくすることもできません。痛い思いをすることは、心のアンテナを磨くために、避けては通れないプロセスなのです。

何を「どん底」と捉えるかは人それぞれだと思いますが、もしも本当につらい時期がやってきたら、**「それは蝶へ生まれ変わるチャンス」**と考えた方がいいと思います。

私もどん底を経験したからこそ、今があると思っています。そうでなければ、自分は変われなかった。周囲に感謝する気持ちやご恩返しの大切さも知らないまま、ずっと過ごしていたでしょう。

だからこそ、過酷な状況から決して逃げてはいけない。それどころか、むしろ積極的に飛び込んでいくべきだと私は考えています。

ファーストペンギンになりなさい

「でも、どん底をわざわざ体験する必要はありませんよね？」

そう質問されることがあります。

もちろん、私のように事業に失敗したり、あるいは病気や事故で苦しんだりといった不幸を自ら進んで経験しろとは言いません。

そんな人に私は、こうアドバイスをするようにしています。

「ファーストペンギンになってはどうでしょうか？」と。

南極の氷の上で群れをつくるペンギンたちは、海へ飛び込もうかどうかと迷っています。真っ先に飛び込めば、いち早くエサにありつけるかもしれない。しかし、シャチやサメに食われてしまう危険性もあります。

そうやってペンギンたちが右往左往し逡巡《しゅんじゅう》するなかで、ある一匹のペンギンが勇気を出して海に飛び込みます。それがファーストペンギンです。

他のペンギンたちはファーストペンギンの行く末を見守り、安全を確認してから後に続きます。こうして最も高いリスクをとるのが、ファーストペンギンの役割なのです。

「小倉さんはファーストペンギンなんですね」私をよく知る人が、そう言ってくれました。

ただし私の場合は、無事にエサを獲って帰る成功者ではありません。シャチやサメに噛まれ、ボロボロになって戻って来る失敗者です。

しかし、本やセミナーを通じて私の失敗談を伝えれば、皆さんに「小倉さんみたいにやると失敗するのだな」と学んでもらえます。ファーストペンギンとしての経験が、他の人たちの学びや参考になるわけです。それはある意味、たくさん貯まった借りを返すことであり、ご恩返しになると考えています。

もし「今までにどん底と言えるほどの経験をしたことがない」という人がいたら、ファーストペンギンになってみてはいかがでしょうか。

最後に、江戸時代末期の儒学者である佐藤一斎の『言志四録』より、私が好きな言葉を皆さんに贈ります。

少し難しい文章ですが、紹介します。

「凡そ遭う所の患難変故、屈辱讒謗、払逆の事は、皆天の吾才を老らしむる所以にして、砥礪切磋の地に非ざるは莫し。君子は当に之に処する所以を慮るべし。徒に之を免れんと欲するは不可なり」

その意味するところはこうです。

「人間が出会うわずらわしいことや屈辱的なこと、思い通りにならないことは、すべて天がその人を成長させるために与えたものであり、自分を磨き上げる場である。この苦労にどう対処していくかを考えるべきであり、そこから逃げようとしてはいけないのだ」

私は、苦しいことがある度に、この言葉を自分に言い聞かせるようにしています。

どうか皆さんも、心のアンテナを磨き続けてください。そうして、心のアンテナの感度を高め、貸し借りのシーソーを漕ぎ続ける、充実した人生を送っていただきたいと思います。

おわりに

ある日、女性ファッション雑誌から私にインタビューの依頼が入りました。

「組織人事コンサルタントの私に、なぜ女性ファッション誌から?」

いぶかる私に編集者さんはこう答えてくれました。

「甘えられない女性症候群、という企画です。今、人に甘えることができない女性が増えているようです。彼氏や夫に甘えられない。家族に甘えられない。そして、上司や職場の同僚に甘えられない女性が多いのです。

小倉さんには、ぜひ職場で甘えることができない女性にアドバイスをお願いします」

そんな依頼でした。

私はそこで、本書に書いてあるようなアドバイスをさせていただきました。そして気づきました。

「甘えられないのは、何も女性に限ったことではない。むしろ、男性の方こそ甘えるのが下手なのではないか」

この時の思いが、本書を書くことになったきっかけです。

かつて、私は甘え上手な男性、女性を見るのが嫌いでした。何だか相手に媚びを売っているような。機嫌取りをしているような。ずるい人間に見えたからです。

しかし、私の考えはガラリと変わりました。彼らは、甘えるだけでなく、相手にきっちりと恩返しをしていたのです。そして、本書にあるように「シーソーを交互にパタン、パタンと漕ぎ合って」いました。まさに、互いに相手と深く関わり合っていたのです。

本書をお読みになった皆さんが、少しずつ行動を変えていくことができたなら、必ずや生きるのがラクになっていくことでしょう。そして、これまで自分がいかに無駄な気を使い、一人で頑張ってきたかに気づくことでしょう。

本書を書くきっかけをつくっていただいた、某女性誌・編集者のYさん、本書を企画していただいた青春出版社プライム涌光編集部・編集者のNさん、編集協力していただいたTさんに感謝の意を表します。

そして、本書を最後までお読みいただいた読者の皆さんに改めて感謝を申し上げます。ありがとうございました。

小倉　広

著者紹介

小倉 広　株式会社小倉広事務所代表取締役。組織人事コンサルタント、心理カウンセラー。大学卒業後、リクルート組織人事コンサルティング室課長、ソースネクスト（現・東証一部上場）常務取締役などを経て現職。大企業の中間管理職、公開前後のベンチャー企業役員、中小企業の創業オーナー社長と、あらゆる立場で組織を牽引。しかし、リーダーシップ不足からチームを束ねることに失敗し二度のうつ病に。一連の経験を通じて、「リーダーシップとは生き様そのものである」との考えに至る。『任せる技術』（日本経済新聞出版社）、『自分でやった方が早い病』（星海社新書）、『僕はこうして、苦しい働き方から抜け出した。』（WAVE出版）など著書多数。

「人《ひと》に頼《たよ》りたくない」のも「弱《よわ》みを見《み》せたくない」のも
あなたが人《ひと》を信《しん》じていないからだ

2013年8月10日　第1刷

著　者　小《お》倉《ぐら》　広《ひろし》
発行者　小澤源太郎

責任編集　株式会社 プライム涌光
電話　編集部　03(3203)2850

発行所　株式会社 青春出版社
東京都新宿区若松町12番1号 〒162-0056
振替番号　00190-7-98602
電話　営業部　03(3207)1916

印刷　共同印刷　　製本　大口製本

万一、落丁、乱丁がありました節は、お取りかえします。
ISBN978-4-413-03892-8 C0030

暦のある豊かな暮らし
運をひらく季節の作法
西　敏央

東大家庭教師の
子供の頭が良くなる教え方
吉永賢一

捨てるほど若返る！
人生の「そうじ力」
舛田光洋

最高の自分を創る
「勘違い」の才能
久瑠あさ美

「片づけが苦手な子」が
驚くほど変わる本
有賀照枝

青春出版社の四六判シリーズ

「心のしかけ」で結果が出せる！
1日1分！目からウロコの勉強法
匠　英一

なぜ、あの人はいつも
品がよく見えるのか？
神津佳予子

1日3分 いくつになっても
「歩けるヒザ」をつくる本！
佐藤友宏

人づき合いが苦手な人のための「コミュ力」の身につけ方
飲みの席には這ってでも行け！
堀田秀吾

男の子のお母さんが
やってはいけない10の習慣
永井伸一